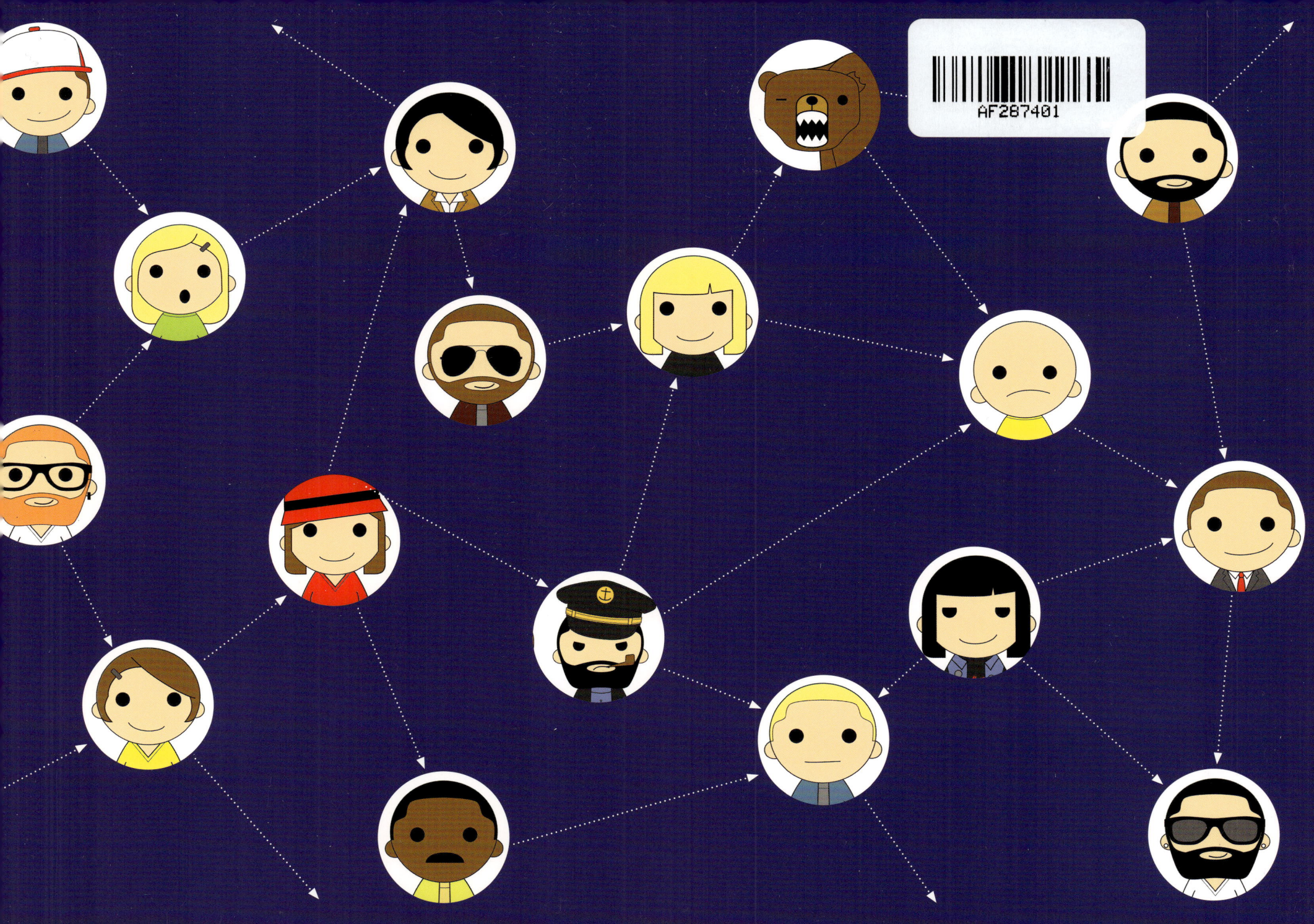

# SCHINKEL BÄR CURRYWURST

Konzept I Zeichnung I Text: Volker Schultz ....... Text I Farbgestaltung: Claudia Stolte

ISBN 978-3-9816603-1-9 ..... 1. Auflage 2014 ..... © 2014 Hinterland®, Berlin, alle Rechte vorbehalten ..... hinterland-verlag.de

Wir danken Angela, Bettina, Cornelia, Hans, Harald, Heike, Jens, Johann, Michael, Monika, René, Rutger, Saskia und Ulrike für ihre Unterstützung.

HAVEN

BREMEN

HANNOVER

WOLFSBURG

BERLIN SPANDAU

# BERLIN HAUPTBAHNHOF

WANN SIND WIR ENDLICH DA?
ICH HABE GROSSEN HUNGER!

NUR NOCH ZWEIMAL
HALTEN UND WIR SIND
IN BERLIN!

... IN WENIGEN MINUTEN ER-
REICHEN WIR BERLIN HAUPT-
BAHNHOF! DORT HABEN SIE
ANSCHLUSS AN .........

ICE

sein Hund Carla. Beide sind gute Freunde und schlafen gemeinsam in einem Zimmer. „Ich kann nicht einschlafen", ruft Oscar. Wie fast jeden Abend kommt Oma Lotta ins Zimmer, um ihnen Geschichten aus Berlin zu erzählen. Sie setzt sich zwischen die beiden und beginnt vom Zoo mit seinen Giraffen,

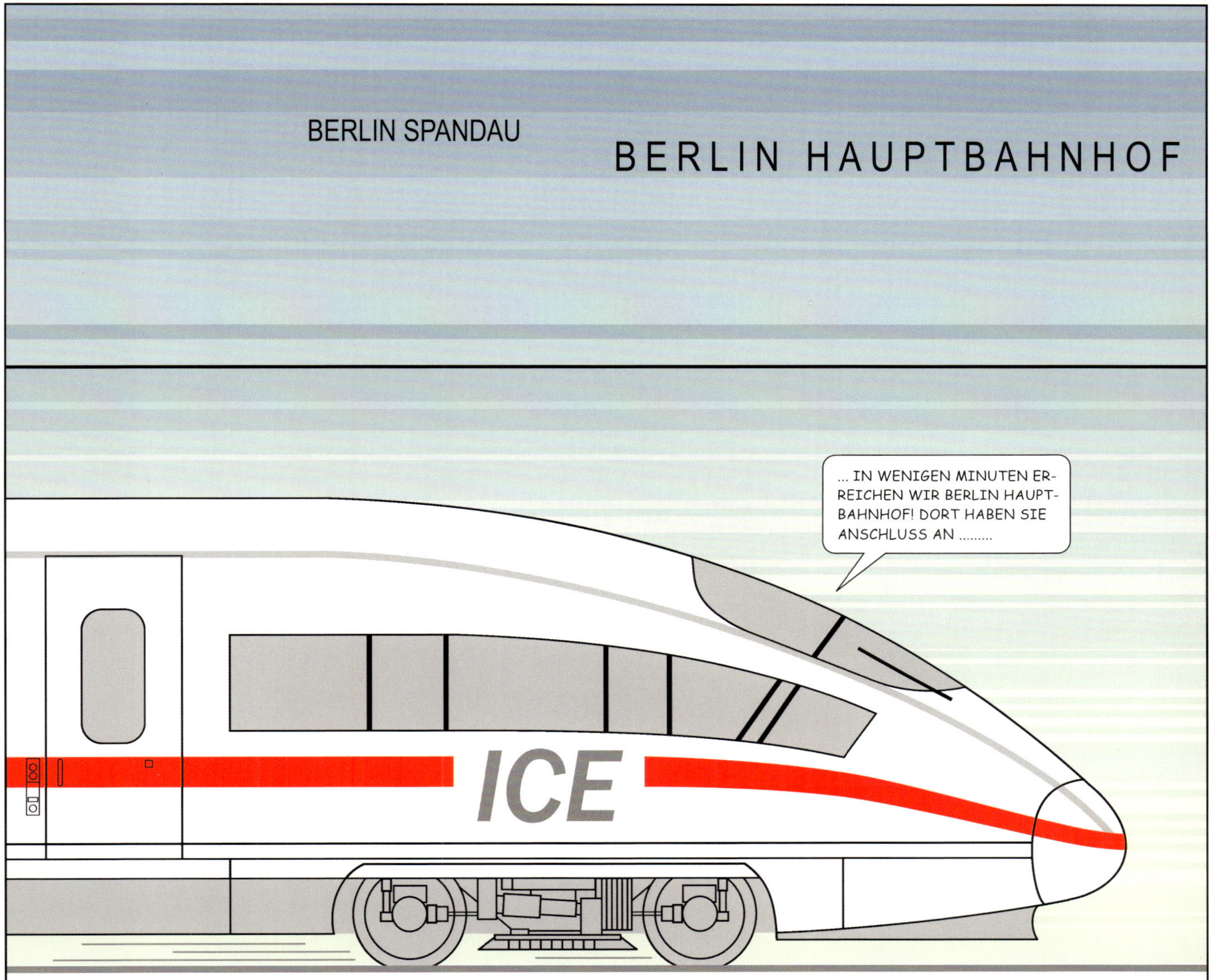

von U-Bahnen, die auf Brücken fahren und Bratwurstverkäufern mit einem Grill vor dem Bauch zu erzählen. Mit Doppelstockbussen geht die Reise an riesigen Häusern mit Aufzügen weiter bis zum großen, neuen Flughafen. Bevor die Geschichte beim Berliner Bären endet, sind Oscar und Carla meist schon fest eingeschlafen. Oscar träumt diesmal vom Bären und von den großen Elefanten im Berliner Zoo.

Am nächsten Morgen hat Oscar eine Idee: „Los, wir fahren nach Berlin." „Was? Nur wir beide?", fragt Carla etwas ängstlich, aber Oscar hört Carlas Frage schon nicht mehr und wartet mit leuchtenden Augen an der Tür. Beide laufen zum Bahnhof und kaufen Zugfahrkarten. Die große, abenteuerliche Reise beginnt.

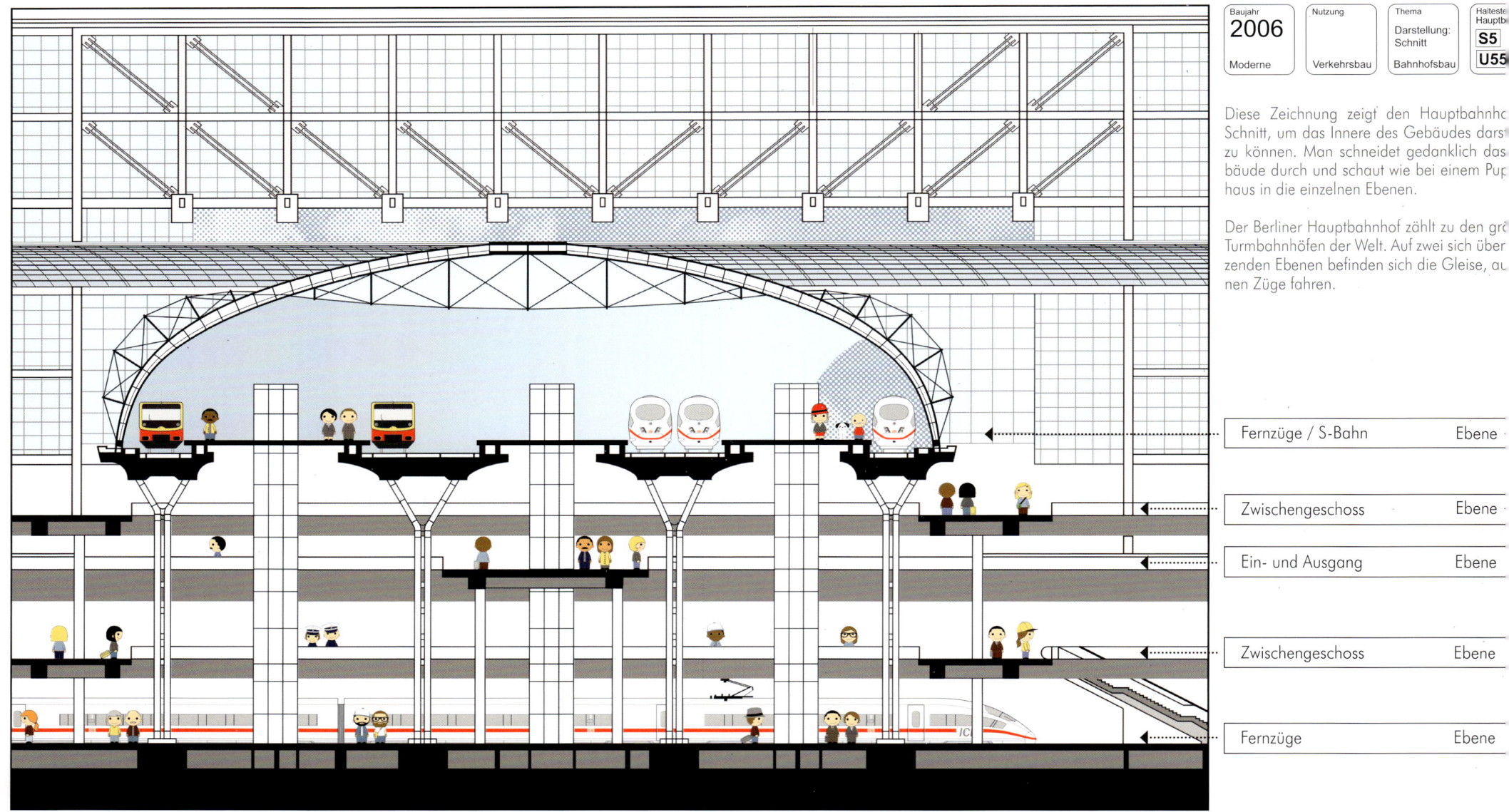

Diese Zeichnung zeigt den Hauptbahnh
Schnitt, um das Innere des Gebäudes dars
zu können. Man schneidet gedanklich das
bäude durch und schaut wie bei einem Pup
haus in die einzelnen Ebenen.

Der Berliner Hauptbahnhof zählt zu den gr
Turmbahnhöfen der Welt. Auf zwei sich über
zenden Ebenen befinden sich die Gleise, au
nen Züge fahren.

Fernzüge / S-Bahn — Ebene

Zwischengeschoss — Ebene

Ein- und Ausgang — Ebene

Zwischengeschoss — Ebene

Fernzüge — Ebene

Zweimal müssen sie den Zug wechseln bis endlich der Intercity-Express in den Berliner Hauptbahnhof einfährt. Oscar und Carla drängeln sich mit vielen anderen Reisenden aus dem Zug. „Oh je, das ist aber ein riesiger Bahnhof. Der hat ja mehrere Ebenen", ruft Carla ganz überwältigt. Oscar war auch noch nie auf so einem großen Bahnhof und fühlt sich mit einem Mal sehr klein und verloren.

„Das ist ein spezieller Bahnhof, ein Turmbahnhof", erklärt ihnen eine Frau mit rotem Hut. „Hier fahren Züge auf verschiedenen Ebenen." Jetzt sehen Oscar und Carla auch die Züge in der untersten Ebene. „Das ist wie in einem Wimmelbilderbuch", findet Carla. „Überall sind Menschen mit schweren Koffern und Taschen zu sehen, Hunde, Rolltreppen, gläserne Aufzüge, Geschäfte mit bunter Werbung und viele, viele Schilder. Wie finden

wir jetzt nur den Ausgang?", fragt Carla besorgt. Die Frau mit Hut ist so nett und hilft beiden. „Wohin geht denn die Reise?", fragt sie interessiert. Oscar ruft ertappt: „Wir besuchen unsere Oma. Sie wird uns hier abholen." Die Frau ist beruhigt: „Ich wünsche euch eine schöne Zeit in Berlin."
„Was machen wir jetzt?", fragt Carla mit ängstlicher Stimme. Oscar hat etwas entdeckt und ruft voller Begeisterung: „Sieh

Quadriga> Streitwagen, 4 Pferde und die Siegesgöttin

Bäume der Parkanlage ‚Großer Tiergarten'

r dort! Das Tor habe ich schon einmal auf einer
0-Cent-Münze gesehen. Lass uns dort hingehen."
ben auf dem Tor ist ein Wagen mit vier Pferden
d einer Frau zu sehen. Paul, eines der Pferde, fragt
scar und Carla: „Hallo ihr beiden! Seid ihr das
ste Mal hier?" Beide nicken und Paul steigt vom
r herunter. „Wisst ihr wie man dieses Tor nennt?",

fragt er. „Das ist das Brandenburger Tor und es wurde
ursprünglich als Stadttor gebaut. Von hier aus gelangte
man zur Stadt Brandenburg und zum Jagdwald des Königs." „Gibt es denn noch den König?", fragt Carla ganz
neugierig. Paul erklärt ihr, dass es schon seit 1918 keine
Könige mehr in Deutschland gibt. „Wenn ihr Lust habt,
zeige ich euch Berlin und den Ort, an dem das Berliner

WARUM IST DAS TOR
EIN SYMBOL FÜR DIE
DEUTSCHE EINHEIT?

DIESES TOR DURFTE WÄHREND DER
TEILUNG VON BERLIN NIEMAND
BETRETEN, WEIL ES EIN TEIL DER
GRENZE WAR. JETZT ERINNERT ES DIE
MENSCHEN AN DIESE ZEIT.

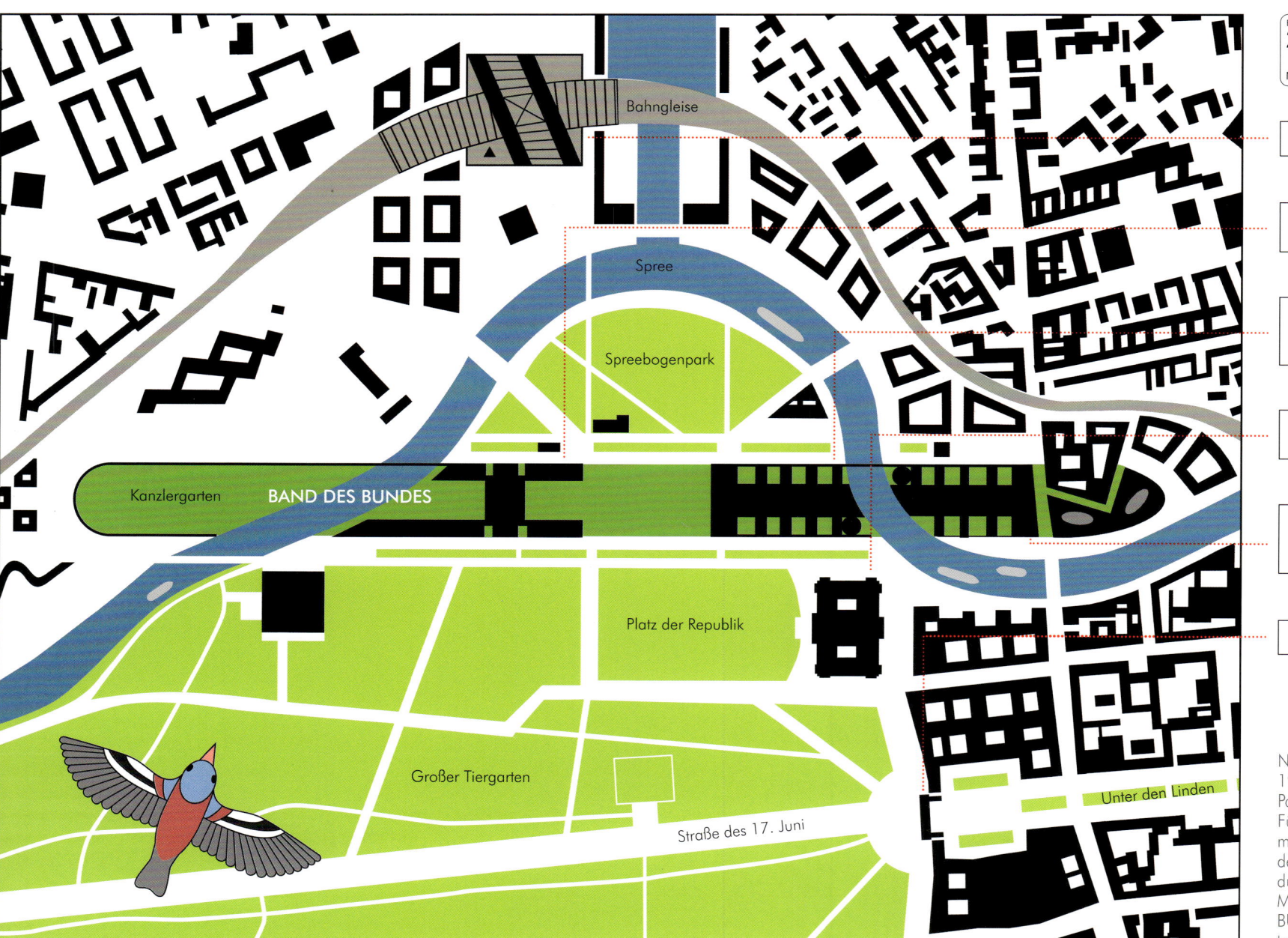

BERLINER HAUPTBAHNHOF

BUNDESKANZLERAMT
Sitz des Bundeskanzlers

PAUL-LÖBE-HAUS
Büro- und Besprechungsräume des Parlaments

BUNDESTAG IM REICHSTAGSGEBÄUDE

MARIE-ELISABETH-LÜDERS-HAUS
Büro- und Besprechungsräume des Parlamer
Parlamentsbibliothek und -archiv

BRANDENBURGER TOR

Nach der deutschen Wiedervereinigung w
1991 entschieden, dass die Regierung und
Parlament von Bonn nach Berlin umziehen.
Für die Anordnung dieser neuen Gebäud
man sich eine städtebauliche Idee überle
der die Gebäude in einer Reihe angeordne
durch Brücken über die Spree verbunden s
Man nennt diese Gebäude das ‚BAND
BUNDES', welches symbolisch das frühe
trennte Ost- und West-Berlin verbindet.

Schloss stand." Oscar und Carla sind begeistert und zugleich erleichtert, einen Begleiter gefunden zu haben.
Auf einem Stadtplan zeigt Paul ihnen wichtige Gebäude, an denen sie schon vorbeigekommen sind. „Berlin ist die Haupt-

stadt von Deutschland. Deshalb gibt es hier viele Gebäude, die für die Politik wichtig sind", erklärt Paul. „Ihr seid gerade vom Hauptbahnhof über eine Spreebrücke, durch den Spreebogen-park entlang der Regierungsbauten bis zum Brandenburger Tor

gelaufen." „Wir sind auch an einem Gebäude mit einer glä-sernen Kuppel vorbeigekommen", sagt Oscar. „Ja, das ist das Reichstagsgebäude, in dem sich die Mitglieder des Deutschen Bundestags treffen", erwidert Paul. „Sie sprechen dort über wic

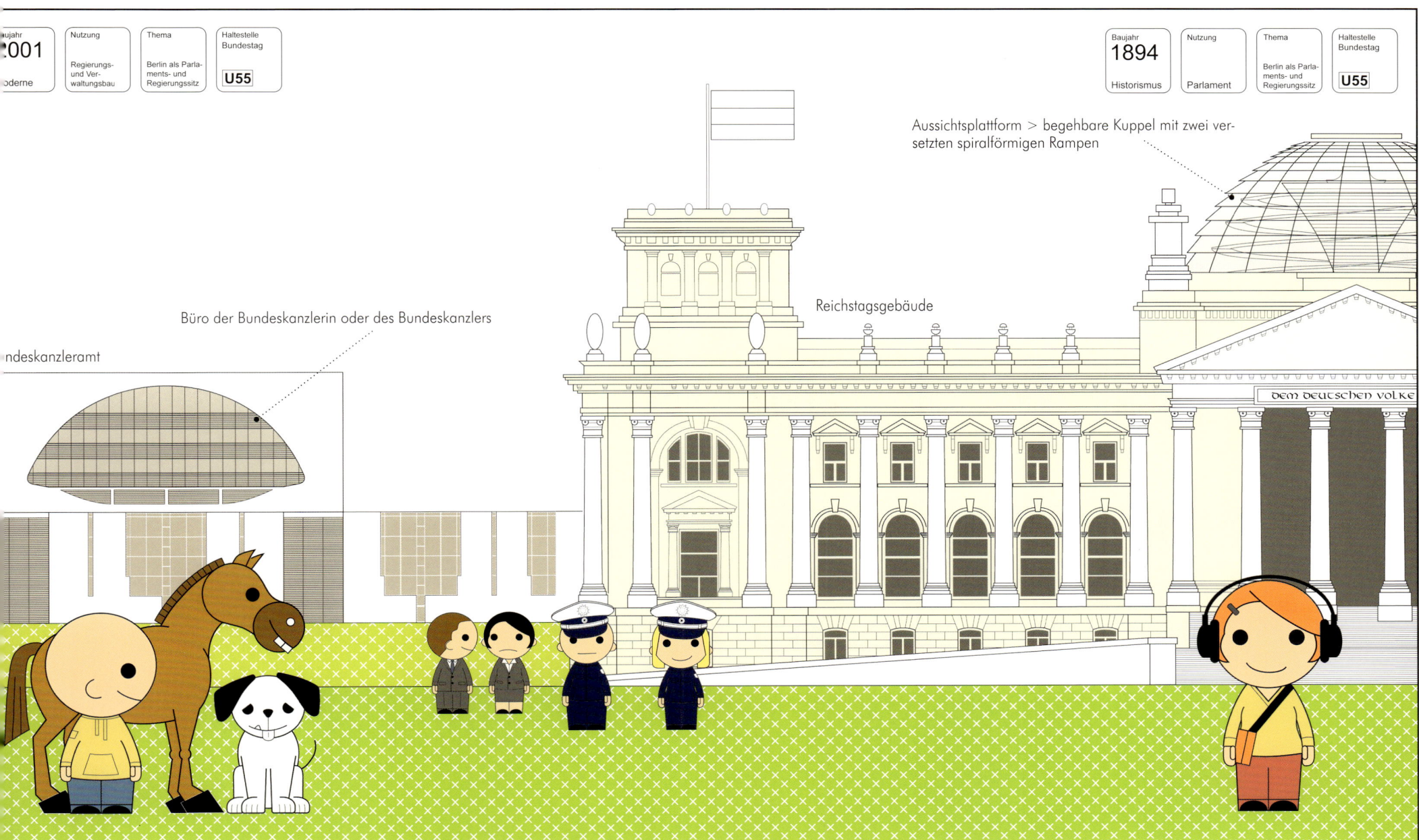

| Baujahr | Nutzung | Thema | Haltestelle Bundestag |
|---|---|---|---|
| 2001 Moderne | Regierungs- und Verwaltungsbau | Berlin als Parlaments- und Regierungssitz | U55 |

| Baujahr | Nutzung | Thema | Haltestelle Bundestag |
|---|---|---|---|
| 1894 Historismus | Parlament | Berlin als Parlaments- und Regierungssitz | U55 |

Aussichtsplattform > begehbare Kuppel mit zwei versetzten spiralförmigen Rampen

Reichstagsgebäude

Büro der Bundeskanzlerin oder des Bundeskanzlers

Bundeskanzleramt

DEM DEUTSCHEN VOLKE

...e Dinge, zum Beispiel über die Verteilung von Steuergeldern, ...rschiedene Gesetze, aber auch über Abkommen mit anderen ...aaten."
...ie Kuppel ist begehbar und es befindet sich eine Aussichts-

plattform darin", berichtet Paul weiter. „Wir können mit einem Aufzug auf das Dach fahren." Alle drei laufen zurück zum Reichstagsgebäude, wo eine riesige Menschenmenge wartet. Ein Mann mit blauem Hemd erklärt ihnen am Eingang, dass sie

sich für die Besichtigung anmelden müssen. Carla ist enttäuscht, aber Paul tröstet sie: „Es gibt noch andere Sehenswürdigkeiten in Berlin. Lasst uns jetzt dahin gehen, wo das ehemalige Schloss des Königs stand."

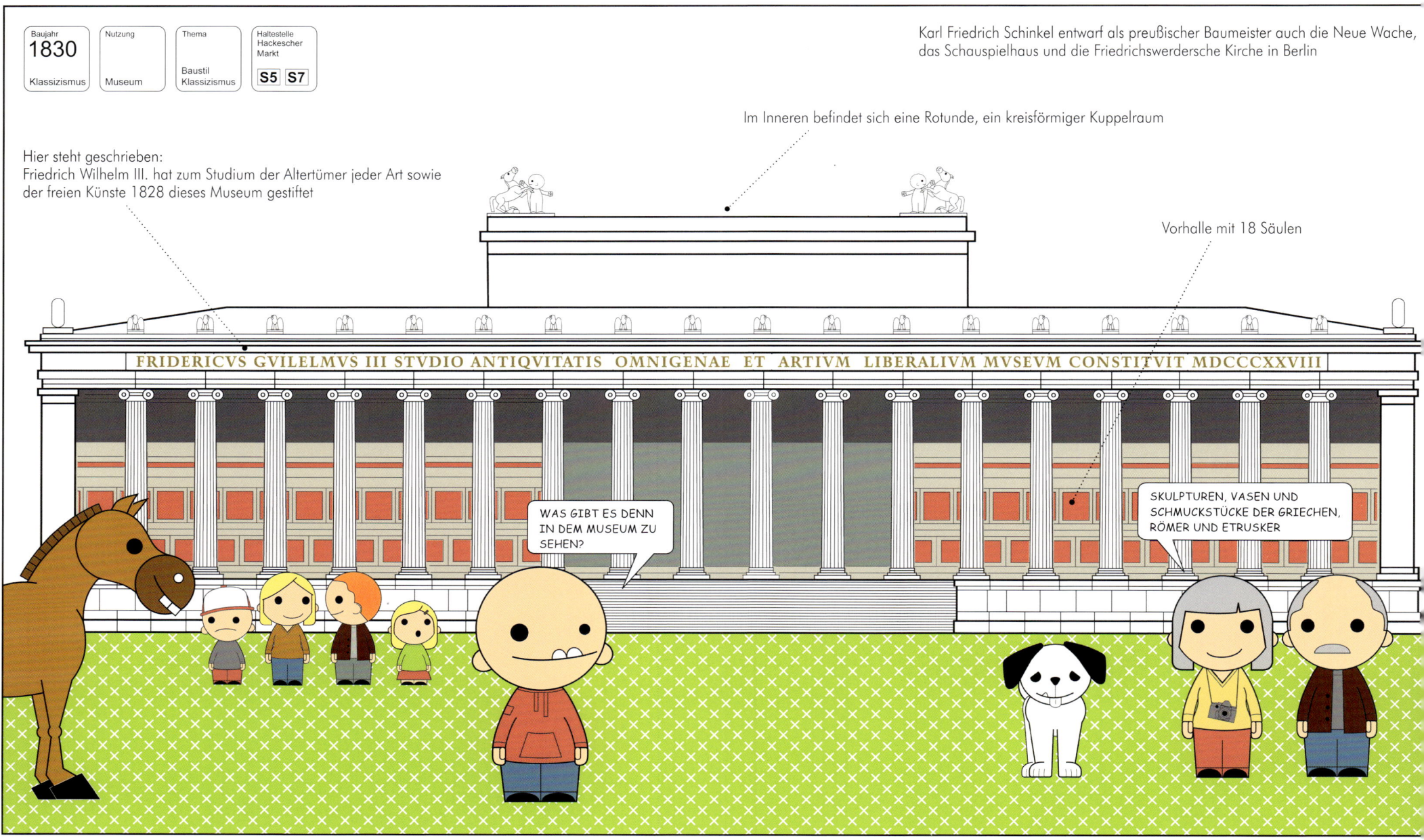

Oscar und Carla laufen mit Paul die Straße „Unter den Linden" entlang. Paul erzählt aus alten Zeiten: „Früher war dies nur ein sandiger Reitweg inmitten von Feldern, der vom Tiergarten bis zum Stadtschloss führte. Auf dem Schlossplatz direkt vor dem Schloss endete damals die Straße." „Da ist ja schon wieder ein Gebäude mit einer Kuppel", ruft Carla. „Das ist der Berliner Dom und dort drüben seht ihr das Alte Museum", antwortet Paul. „Es wurde von dem Architekten Karl Friedrich Schinkel nach dem Vorbild eines griechischen Tempels entworfen." Oscar ist neugierig und läuft die Treppe hinauf zur Vorhalle mit den Säulen. Die anderen folgen ihm. „Jetzt stehen wir auf dem Sockel des Gebäudes, der war typisch für einen griechischen Tempel", erklärt Paul. Sie setzen sich auf die Treppenstufen, um sich auszuruhen. Paul deutet auf eine Baustelle: „Dort stand das Schloss der preußischen Könige." Carla springt auf: „Aber was s Humboldt-Forum (Stadtschloss) liegt auf der Spreein-. Den nördlichen Teil davon nennt man Museumsinsel, l sich dort nur Museen befinden. Kaufleute errichteten de des 12. Jahrhunderts eine erste Siedlung auf der reeinsel sowie östlich der Spree.

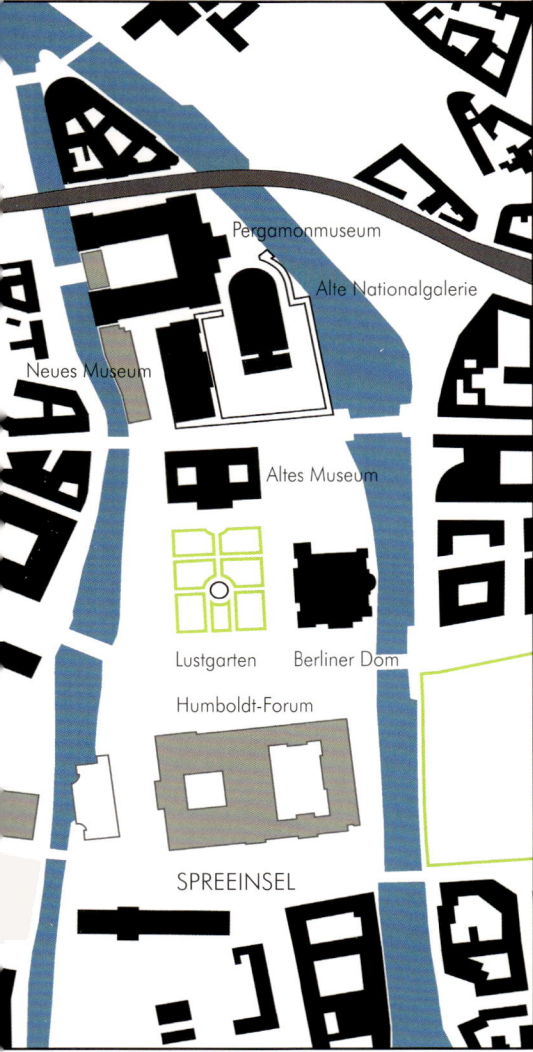

Pergamonmuseum

Alte Nationalgalerie

Neues Museum

Altes Museum

Lustgarten    Berliner Dom

Humboldt-Forum

SPREEINSEL

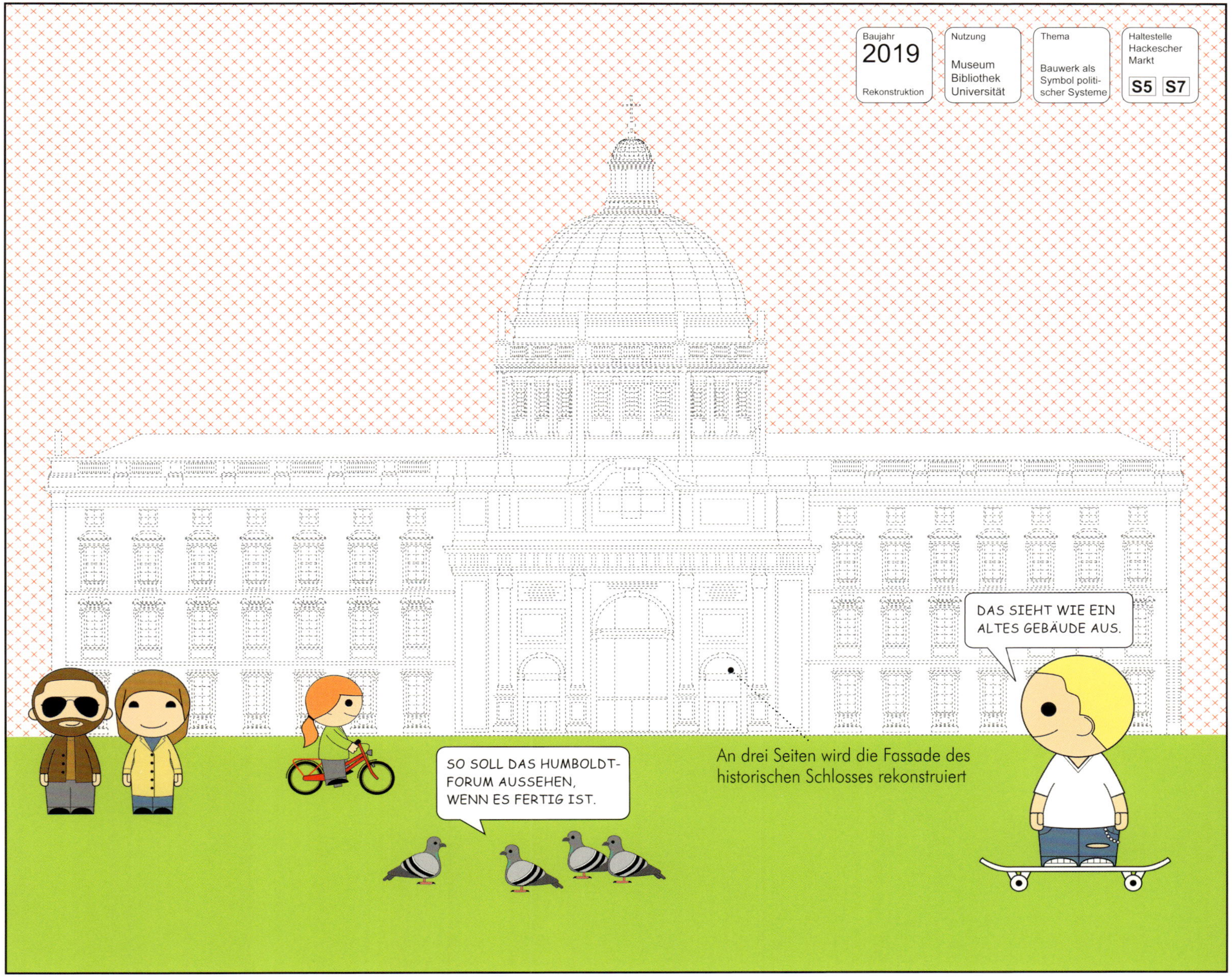

Baujahr
2019
Rekonstruktion

Nutzung
Museum
Bibliothek
Universität

Thema
Bauwerk als
Symbol politi-
scher Systeme

Haltestelle
Hackescher
Markt
S5  S7

DAS SIEHT WIE EIN ALTES GEBÄUDE AUS.

SO SOLL DAS HUMBOLDT-FORUM AUSSEHEN, WENN ES FERTIG IST.

An drei Seiten wird die Fassade des historischen Schlosses rekonstruiert

denn mit dem Schloss passiert? Warum wird denn er gebaut?"
Das ist eine lange Geschichte", erwidert Paul. „Am de des Zweiten Weltkrieges brannte das Schloss st völlig aus. Die Regierung der DDR wollte sich

vom preußischen Adel mit seinem König distanzieren und ließ das Gebäude abreißen. Es wurde der „Palast der Republik" gebaut, dort befanden sich das Parlament der DDR und verschiedene Veranstaltungs-

räume. Nach dem Ende der DDR entschied man sich den „Palast der Republik" ebenfalls abzureißen. Nun wird an dieser Stelle das Humboldt-Forum gebaut. Das Gebäude soll Kunstsammlungen, ein Wissenschaftsmuse-

um und eine Bibliothek beherbergen. Auf dem Bauschild dort drüben seht ihr wie das Gebäude aussehen soll."

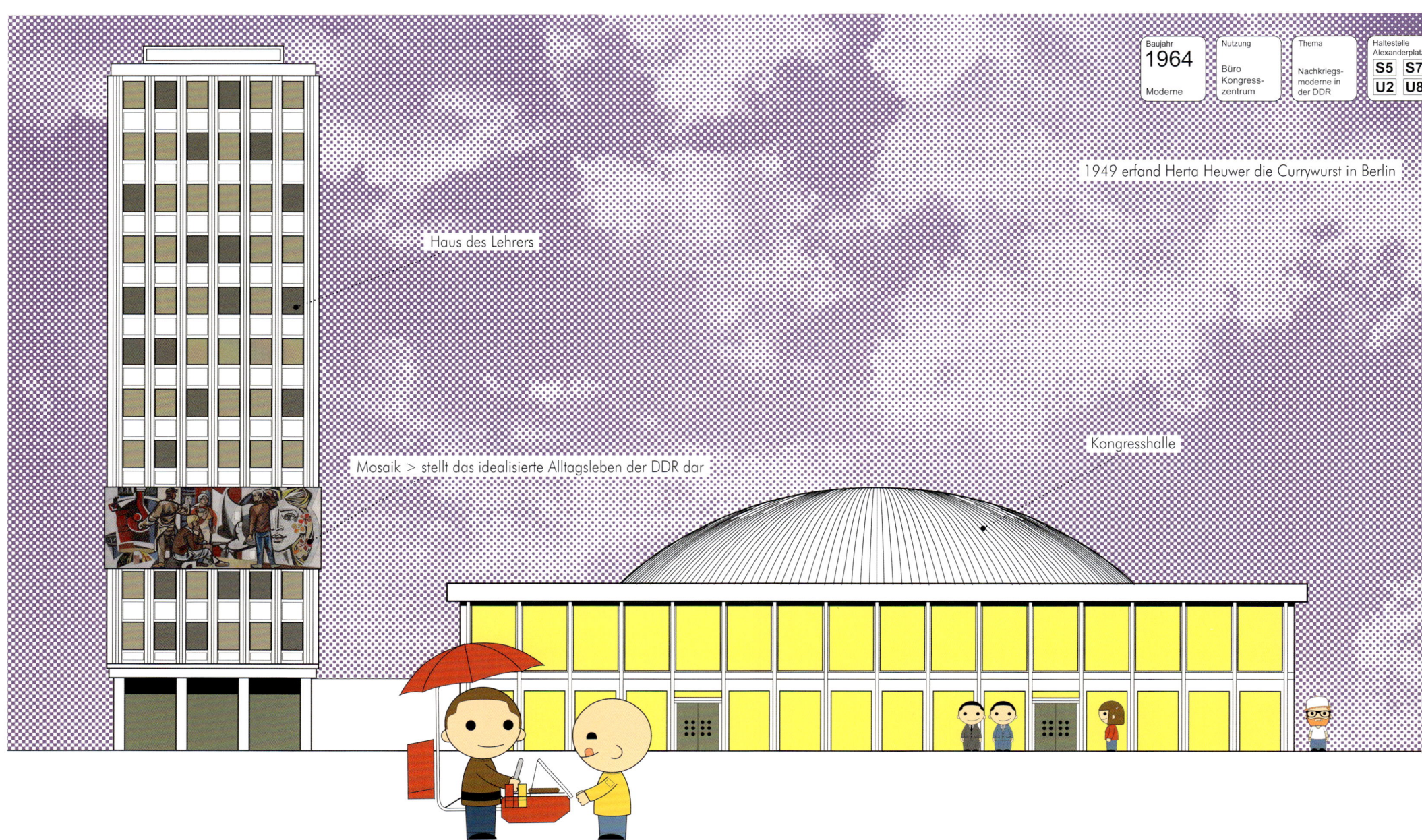

Baujahr
**1964**
Moderne

Nutzung
Büro
Kongress-
zentrum

Thema
Nachkriegs-
moderne in
der DDR

Haltestelle
Alexanderplatz
S5 S7
U2 U8

1949 erfand Herta Heuwer die Currywurst in Berlin

Haus des Lehrers

Kongresshalle

Mosaik > stellt das idealisierte Alltagsleben der DDR dar

Oscars Magen knurrt. „Können wir irgendwo eine Currywurst essen?", fragt er. „Vielleicht bei den Bratwurstverkäufern mit einem Grill vor dem Bauch?", ruft Carla. „Du meinst die Grill-walker", sagt Paul. „Wir können zum Alexanderplatz laufen. Da gibt es viele von diesen Verkäufern mit einem mobilen Trage-

grill." Sie machen sich auf den Weg. Schon von weitem sehen sie einen hohen Turm - den Fernsehturm. Paul erklärt ihnen, dass das Areal um den Alexanderplatz nach dem Krieg zum neuen Zentrum von Ost-Berlin umgewandelt wurde. Neben dem Fern-sehturm, einem Kaufhaus, einem Hotel und weiteren Gebäuden

wie dem Haus des Lehrers und der Kongresshalle entstanden hier auch Wohngebäude. Carla entdeckt als erste die Wurstver-käufer mit ihren roten Schirmen. Oscar, Carla und Paul kaufen sich eine leckere Currywurst. Nach dieser kleinen Stärkung sind alle wieder gut gelaunt. „Wo gehen wir jetzt hin?", fragt Oscar.

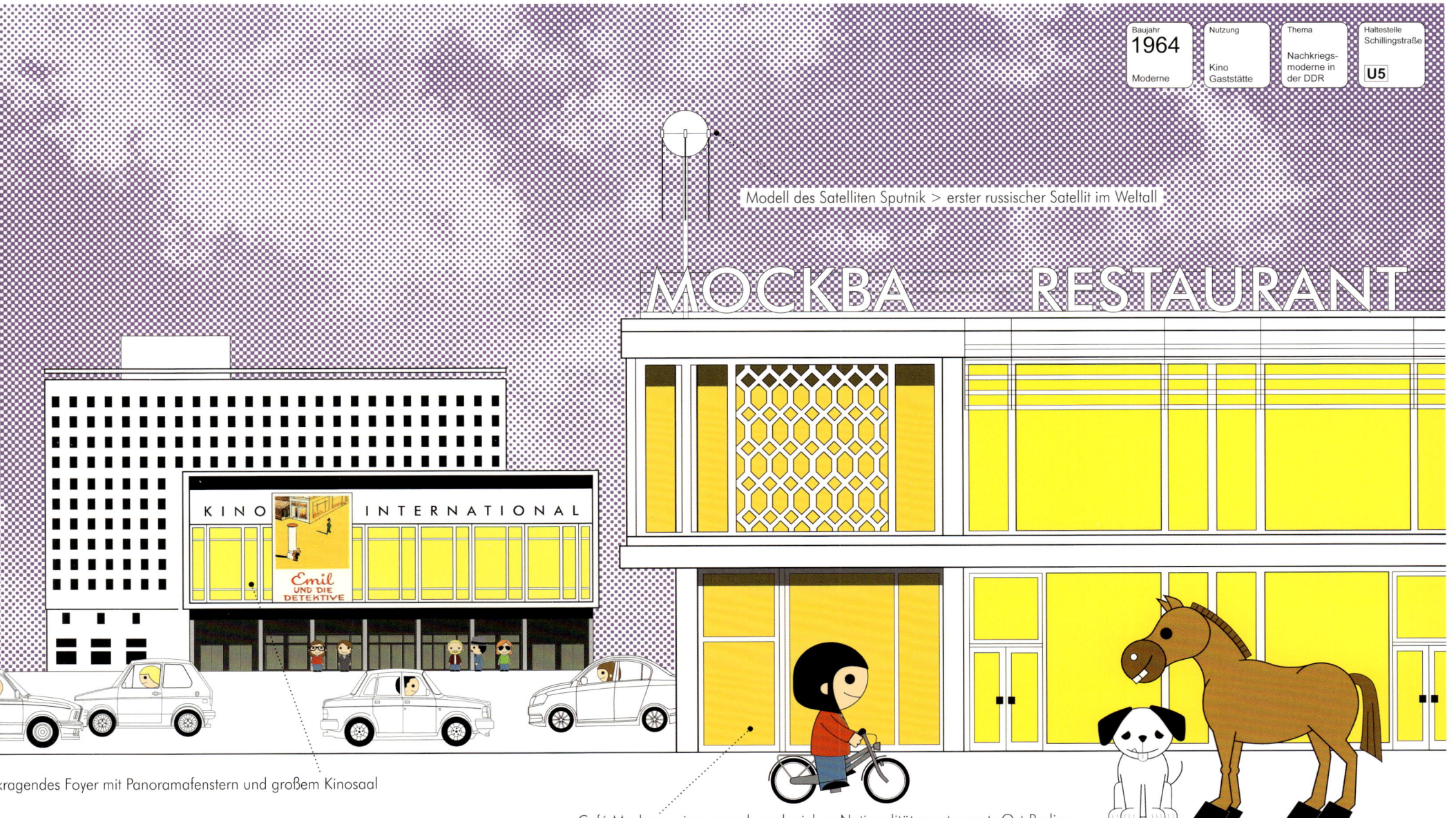

Modell des Satelliten Sputnik > erster russischer Satellit im Weltall

MOCKBA —— RESTAURANT

KINO INTERNATIONAL

Emil UND DIE DETEKTIVE

...ragendes Foyer mit Panoramafenstern und großem Kinosaal

Café Moskau - eines von ehemals sieben Nationalitätenrestaurants Ost-Berlins

...ul muss nicht lange nachdenken: „Lasst uns die Karl-Marx-...lee entlang gehen." Die Straße beginnt am Alexanderplatz ...d wurde nach dem Zweiten Weltkrieg als Vorzeigeobjekt der ...DR angelegt. Es enstanden mehrgeschossige Wohngebäude, ...villons und das Kino Kosmos, das Kino International und das

Café Moskau. „Können wir uns vielleicht einen Film ansehen?", fragt Carla. „Wir sind leider zu früh. Die Kindervorstellung beginnt erst in zwei Stunden", antwortet Paul. „Wir können aber ins Foyer gehen und uns den Kinosaal anschauen." Vom Foyer aus haben sie einen schönen Ausblick auf die Straße. „Warum

stehen die Gebäude so weit auseinander?", fragt Oscar. „Vor dem Krieg standen hier dicht an dicht Gründerzeithäuser mit vielen Gebäuden im Inneren der Häuserblöcke. Es gab wegen der engen Bebauung wenig Licht in den Wohnungen und kaum Grünflächen zum Spielen. Nach dem Krieg wurde eine

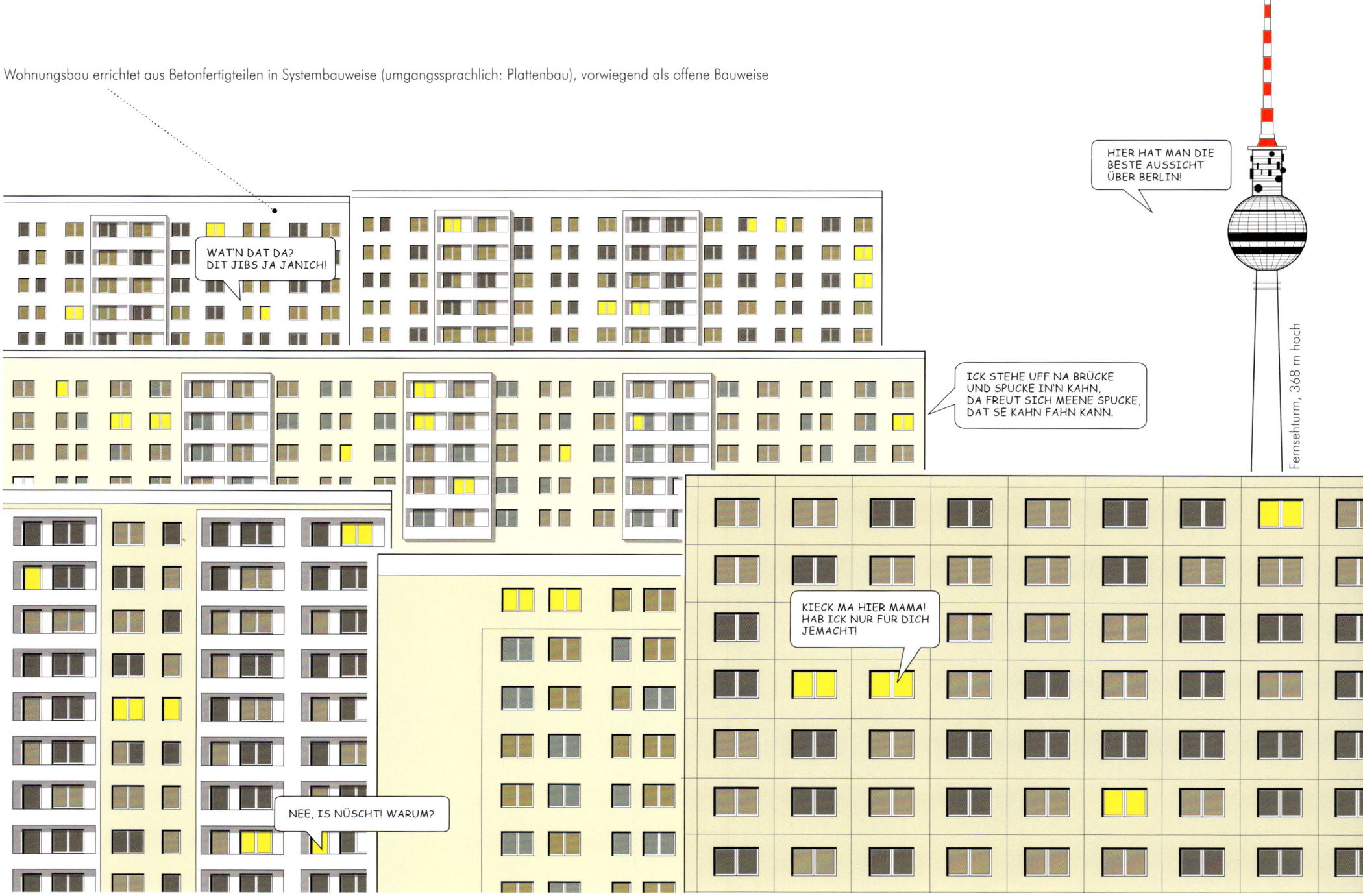

Wohnungsbau errichtet aus Betonfertigteilen in Systembauweise (umgangssprachlich: Plattenbau), vorwiegend als offene Bauweise

ckere Bebauung mit viel Grünraum umgesetzt.
Deutschland entstanden überall Gebäude in
stembauweise aus Betonfertigteilen. Das heißt,
ände, Decken und Fassadenteile werden aus
eton vor Baubeginn hergestellt und dann auf der
austelle zusammengebaut", erklärt Paul. „Das ist
e bei meinem Baukasten zu Hause, da gibt es
uch fertige Teile die nur noch zusammengesetzt
erden", sagt Oscar.
Mir tun die Füße weh und ich will nicht mehr

weiter gehen", klagt Carla plötzlich. Paul und
Oscar schauen sie an. „Können wir nicht mit dem
Bus fahren?", fragt sie die beiden. Paul überlegt
kurz und sagt dann: „Ich habe eine bessere Idee.
Mein Freund ist Kapitän auf einem Boot. Wir
könnten ihn fragen, ob er mit uns eine kleine Fahrt
macht." „Oh ja, das wäre toll!", rufen Carla und
Oscar gleichzeitig. Sie machen sich auf den Weg
zur Spree, um den Kapitän mit seinem Schiff Lola
zu besuchen. Der Kapitän steht auf seinem Boot

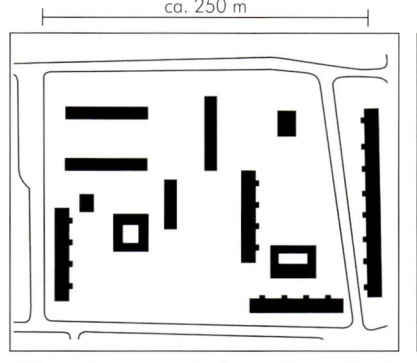

Offene Bauweise; Berliner ‚Häuserblock'
aus der Nachkriegszeit (ab 1960)

Geschlossene Bauweise; Berliner Häuserblock aus der Gründerzeit (um 1900)

eilige Fassadengliederung bestehend aus Sockel, Zwischengeschossen und Dach

Gründerzeitbauten in Ziegelbauweise, vorwiegend als geschlossene Bauweise

MACHST DU MIR
NOCH NE STULLE?

DARF ICH NOCH DAS
SANDMÄNNCHEN
SEHEN, MAMA?

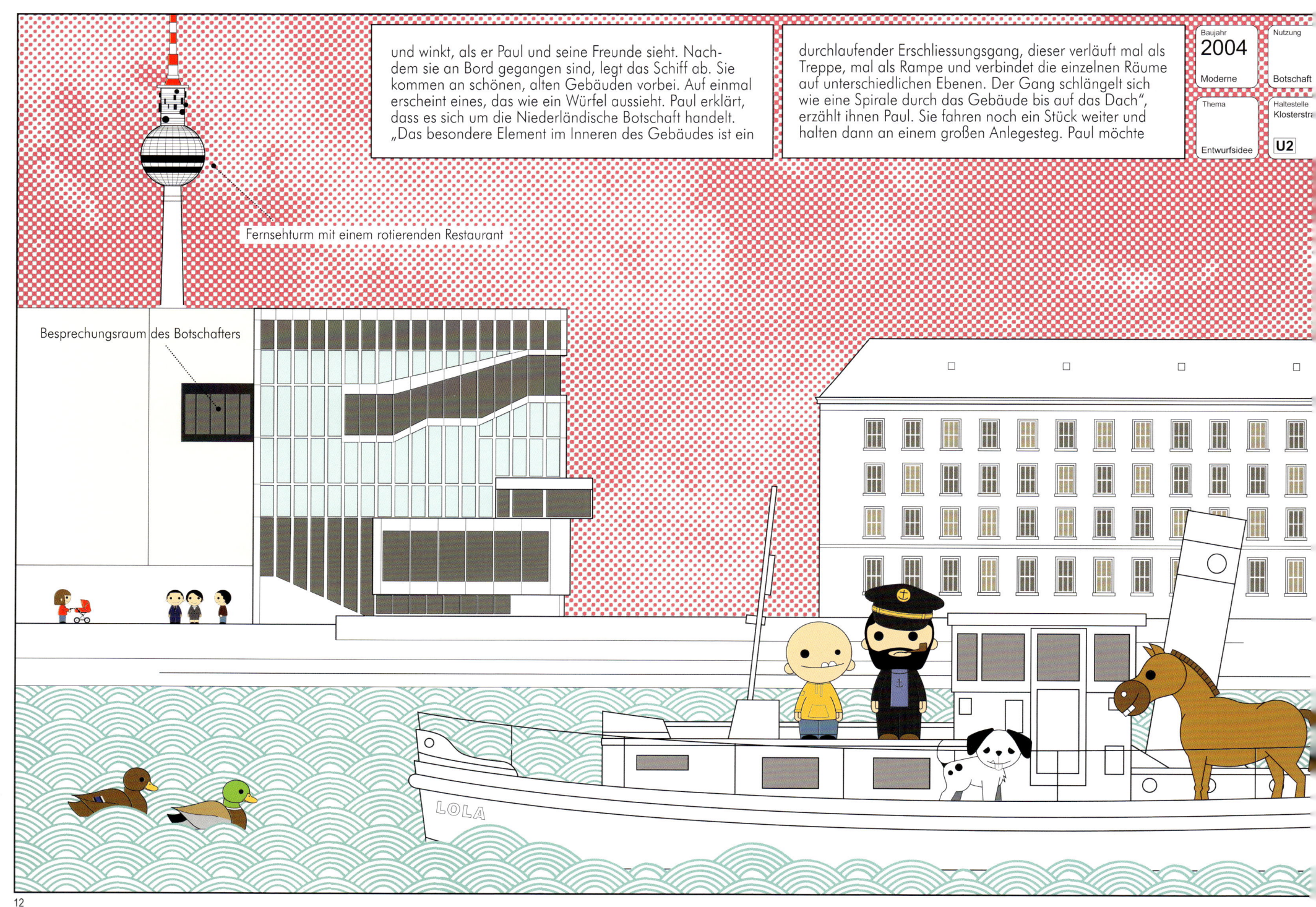

und winkt, als er Paul und seine Freunde sieht. Nachdem sie an Bord gegangen sind, legt das Schiff ab. Sie kommen an schönen, alten Gebäuden vorbei. Auf einmal erscheint eines, das wie ein Würfel aussieht. Paul erklärt, dass es sich um die Niederländische Botschaft handelt. „Das besondere Element im Inneren des Gebäudes ist ein

durchlaufender Erschliessungsgang, dieser verläuft mal als Treppe, mal als Rampe und verbindet die einzelnen Räume auf unterschiedlichen Ebenen. Der Gang schlängelt sich wie eine Spirale durch das Gebäude bis auf das Dach", erzählt ihnen Paul. Sie fahren noch ein Stück weiter und halten dann an einem großen Anlegesteg. Paul möchte

| Baujahr 2004 | Nutzung |
| Moderne | Botschaft |
| Thema | Haltestelle Klosterstra |
| Entwurfsidee | U2 |

Fernsehturm mit einem rotierenden Restaurant

Besprechungsraum des Botschafters

LOLA

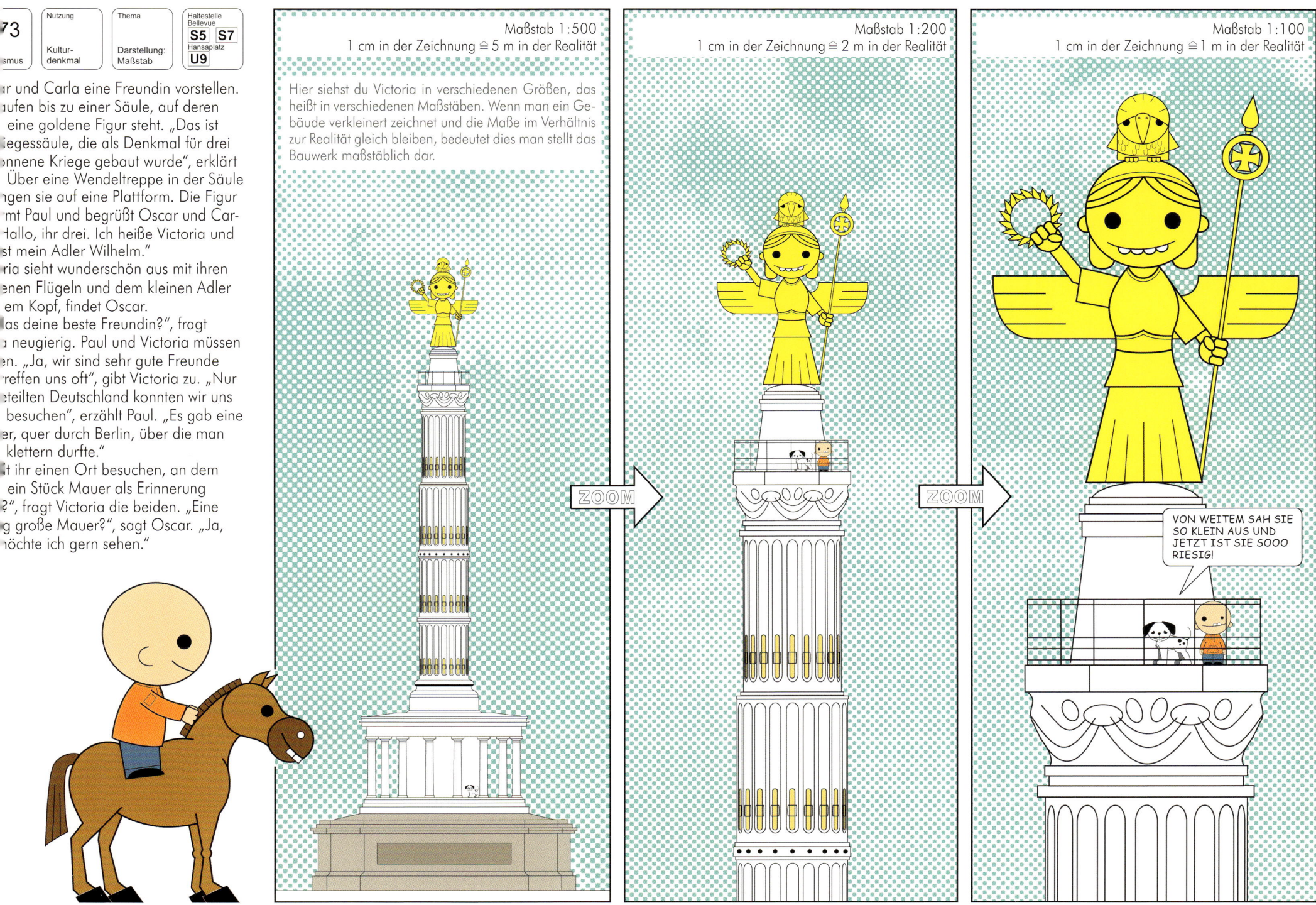

...r und Carla eine Freundin vorstellen.
...aufen bis zu einer Säule, auf deren
...eine goldene Figur steht. „Das ist
...iegessäule, die als Denkmal für drei
...onnene Kriege gebaut wurde", erklärt
...Über eine Wendeltreppe in der Säule
...gen sie auf eine Plattform. Die Figur
...mt Paul und begrüßt Oscar und Car-
...Hallo, ihr drei. Ich heiße Victoria und
...st mein Adler Wilhelm."
...ria sieht wunderschön aus mit ihren
...enen Flügeln und dem kleinen Adler
...em Kopf, findet Oscar.
...as deine beste Freundin?", fragt
...neugierig. Paul und Victoria müssen
...en. „Ja, wir sind sehr gute Freunde
...reffen uns oft", gibt Victoria zu. „Nur
...eteilten Deutschland konnten wir uns
...besuchen", erzählt Paul. „Es gab eine
...er, quer durch Berlin, über die man
...klettern durfte."
...t ihr einen Ort besuchen, an dem
...ein Stück Mauer als Erinnerung
...?", fragt Victoria die beiden. „Eine
...g große Mauer?", sagt Oscar. „Ja,
...höchte ich gern sehen."

**Maßstab 1:500**
1 cm in der Zeichnung ≙ 5 m in der Realität

Hier siehst du Victoria in verschiedenen Größen, das heißt in verschiedenen Maßstäben. Wenn man ein Gebäude verkleinert zeichnet und die Maße im Verhältnis zur Realität gleich bleiben, bedeutet dies man stellt das Bauwerk maßstäblich dar.

**Maßstab 1:200**
1 cm in der Zeichnung ≙ 2 m in der Realität

ZOOM

**Maßstab 1:100**
1 cm in der Zeichnung ≙ 1 m in der Realität

ZOOM

VON WEITEM SAH SIE SO KLEIN AUS UND JETZT IST SIE SOOO RIESIG!

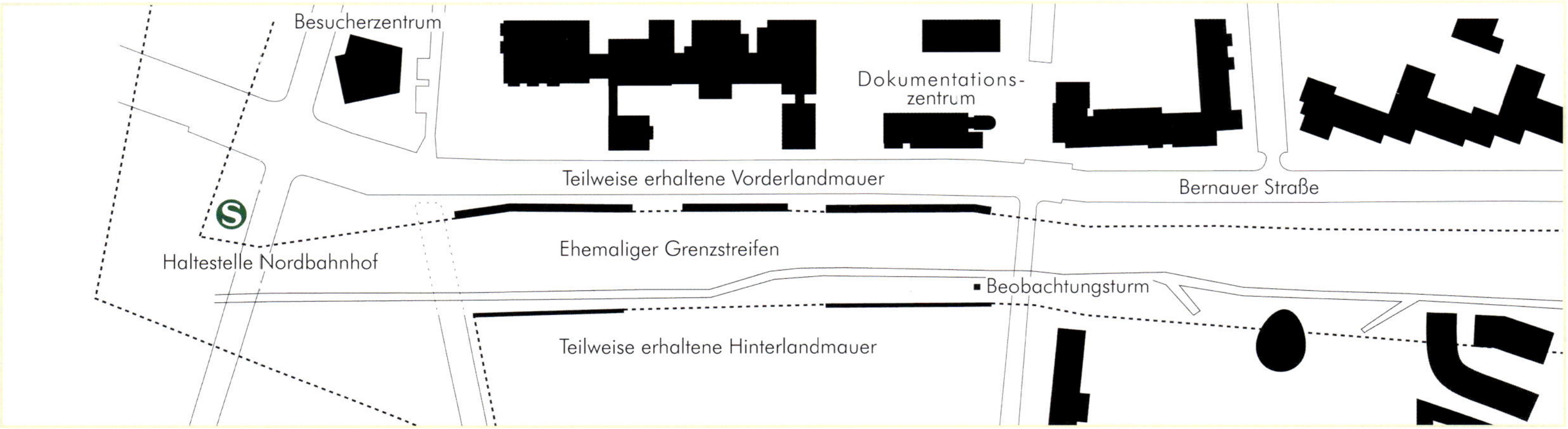

Besucherzentrum

Dokumentations-
zentrum

Teilweise erhaltene Vorderlandmauer

Bernauer Straße

S

Haltestelle Nordbahnhof

Ehemaliger Grenzstreifen

■ Beobachtungsturm

Teilweise erhaltene Hinterlandmauer

Sie fahren mit der S-Bahn bis zur Gedenkstätte
Berliner Mauer in der Bernauer Straße. Victoria
beginnt von der Teilung Deutschlands zu erzähl...
„Nach dem Zweiten Weltkrieg wurden Deutschland und somit auch Berlin von den vier Sieger...
dern in verschiedene Sektoren aufgeteilt.
Die Sowjetunion verwaltete Ost-Berlin. Sie stellt...
sich die Zukunft von Deutschland anders als die...
übrigen Siegerländer vor und es entstand ein
neuer Staat - die DDR. Viele Menschen in diese...
neuen Staat waren unzufrieden und wechselten...
den westlichen Teil der Stadt.
So beschloss die Regierung der DDR eine Mau...
zu bauen. Die Menschen konnten nun nicht me...
vom östlichen Teil in den westlichen gelangen u...
umgekehrt. Die Mauer trennte die Stadt, Quar...
re und Straßen aber auch Familien und Freund...
wie Paul und mich."
„Wie lange gab es die Mauer?", fragt Carla
interessiert. „28 Jahre - nach einer so langen Z...
waren die Menschen unzufrieden und so demo...
rierten sie friedlich gegen die Regierung. Die M...
er wurde schließlich eingerissen, die beiden Tei...
von Berlin und beide Teile von Deutschland wa...
nun wiedervereint", erzählt Victoria. „Heute gib...
es in der Stadt nur noch wenige Orte, an dene...
Teile der Berliner Mauer stehen. Ein gepflastert...
Streifen erinnert auf Straßen und Plätzen an de...
ehemaligen Verlauf der Mauer."

Beobachtungsturm

Vorderlandmauer

Hinterlandmaue...

Blick aus West-Berlin auf die Berliner Mauer

Blick aus Ost-Berlin auf die Hinterlandm...

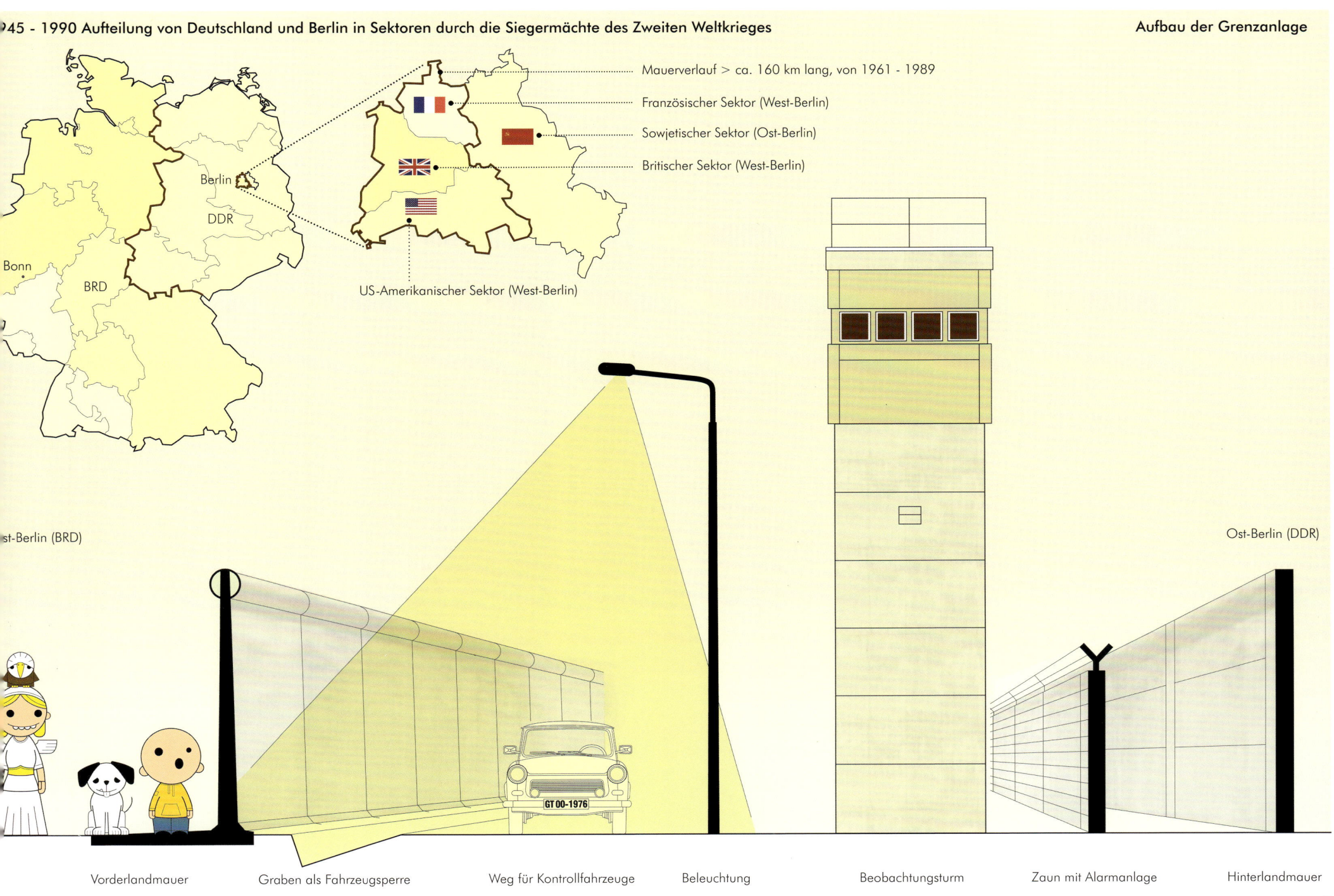

Mauerverlauf > ca. 160 km lang, von 1961 - 1989

Französischer Sektor (West-Berlin)

Sowjetischer Sektor (Ost-Berlin)

Britischer Sektor (West-Berlin)

US-Amerikanischer Sektor (West-Berlin)

Bonn

BRD

Berlin

DDR

West-Berlin (BRD)

Ost-Berlin (DDR)

GT 00-1976

Vorderlandmauer

Graben als Fahrzeugsperre

Weg für Kontrollfahrzeuge

Beleuchtung

Beobachtungsturm

Zaun mit Alarmanlage

Hinterlandmauer

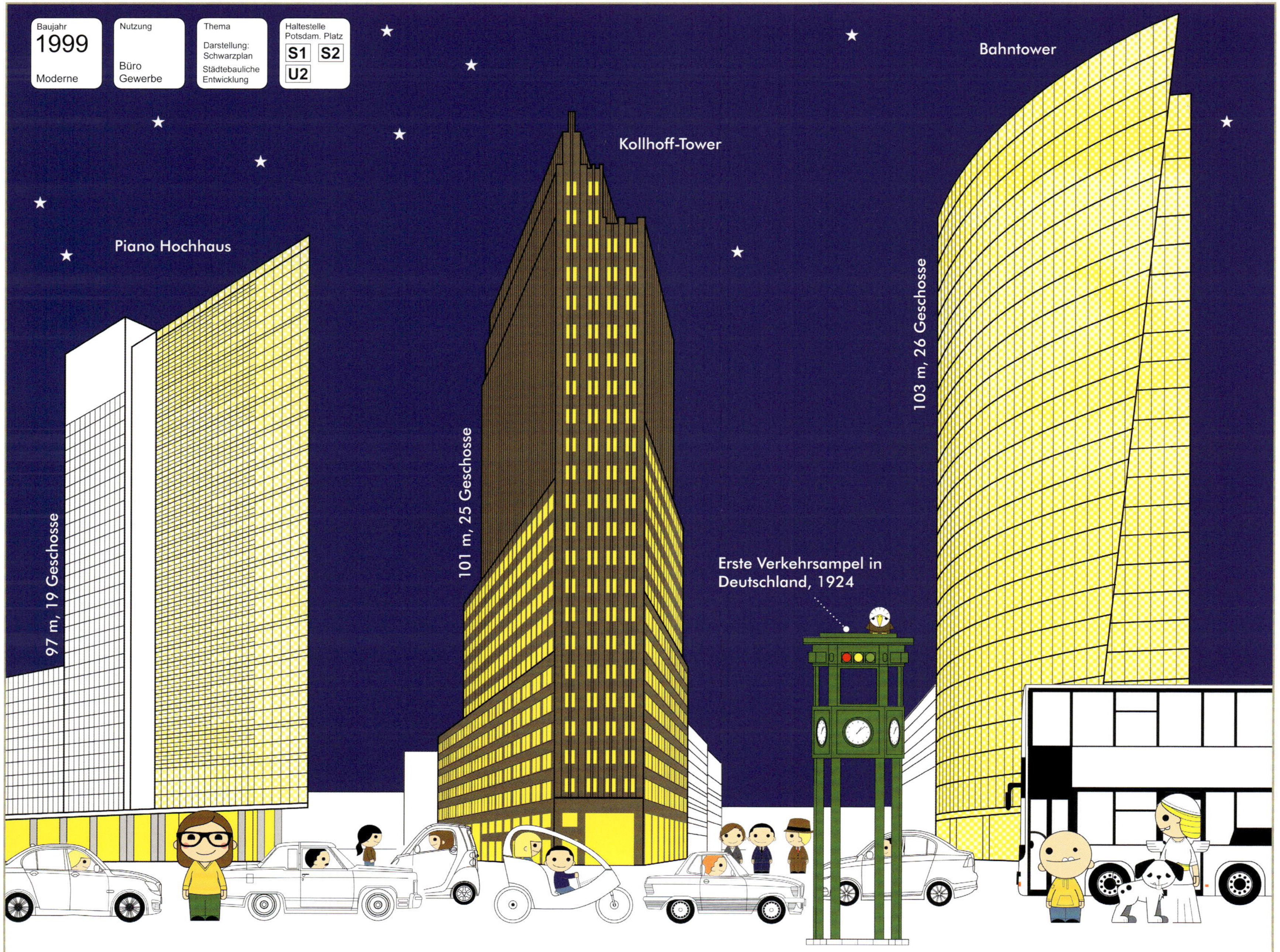

**Bahntower**

**Kollhoff-Tower**

**Piano Hochhaus**

103 m, 26 Geschosse

101 m, 25 Geschosse

97 m, 19 Geschosse

Erste Verkehrsampel in Deutschland, 1924

Diese kleinen Pläne nennt m[a] Schwarzpläne, weil man dort schwarz nur Gebäude zeigt. Gewä[s]ser, Grünflächen und Straßen werde[n] nicht abgebildet.

1940 — vor der Kriegszerstör[ung]

1953 — nach der Kriegszerstör[ung]

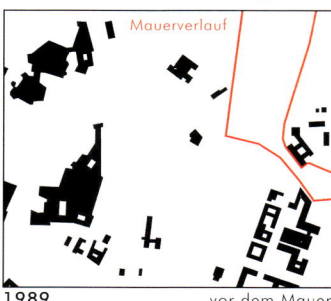
Mauerverlauf
1989 — vor dem Mauerf[all]

2010 — nach der Wiedervereinigu[ng]

„Ich zeige euch noch einen anderen Ort, der sich mehrmals stark verändert hat", sagt Victoria. Paul muss sich leider hier verabschieden, weil er zurück zum Brandenburger Tor muss. „Wir können uns am Abend noch im Zoo treffen", sagt er zu Oscar und Carla und beide nicken ihm zu. Paul galoppiert los und die anderen drei fahren mit der S-Bahn bis zum Potsdamer Platz. „Dieser Platz befand sich früher vor der Stadtmauer am Potsdamer Tor", erzählt Victoria. „Das war eine Kreuzung mit fünf Straßen, auf denen Omnibusse, Pferdewagen, Straßenbahnen und Autos in alle Richtungen fahren konnten." „Die Häuser sind

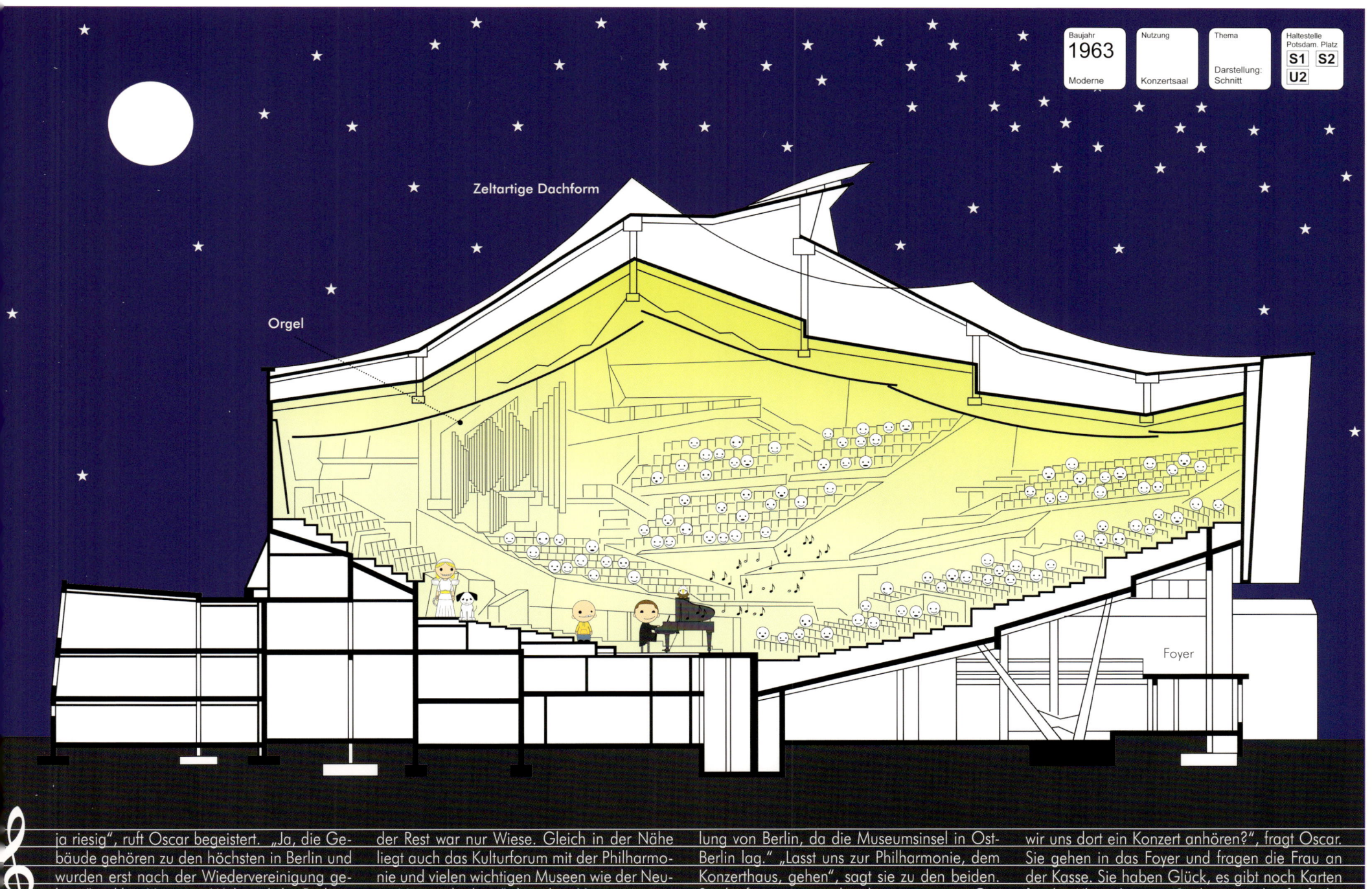

Zeltartige Dachform

Orgel

Baujahr
**1963**
Moderne

Nutzung
Konzertsaal

Thema
Darstellung:
Schnitt

Haltestelle
Potsdam. Platz
S1 S2
U2

Foyer

ja riesig", ruft Oscar begeistert. „Ja, die Gebäude gehören zu den höchsten in Berlin und
wurden erst nach der Wiedervereinigung gebaut", erklärt Victoria. „Während der Berliner
Teilung standen hier wenige Gebäude und

der Rest war nur Wiese. Gleich in der Nähe
liegt auch das Kulturforum mit der Philharmonie und vielen wichtigen Museen wie der Neu-
en Nationalgalerie", berichtet Victoria weiter.
„Das Kulturforum entstand während der Tei-

lung von Berlin, da die Museumsinsel in Ost-
Berlin lag." „Lasst uns zur Philharmonie, dem
Konzerthaus, gehen", sagt sie zu den beiden.
Sie laufen weiter und stehen vor einem Ge-
bäude mit einem zeltartigen Dach. „Können

wir uns dort ein Konzert anhören?", fragt Oscar.
Sie gehen in das Foyer und fragen die Frau an
der Kasse. Sie haben Glück, es gibt noch Karten
für das Klavierkonzert. Sie betreten den fünfecki-
gen Konzertsaal. Die Bühne befindet sich in der

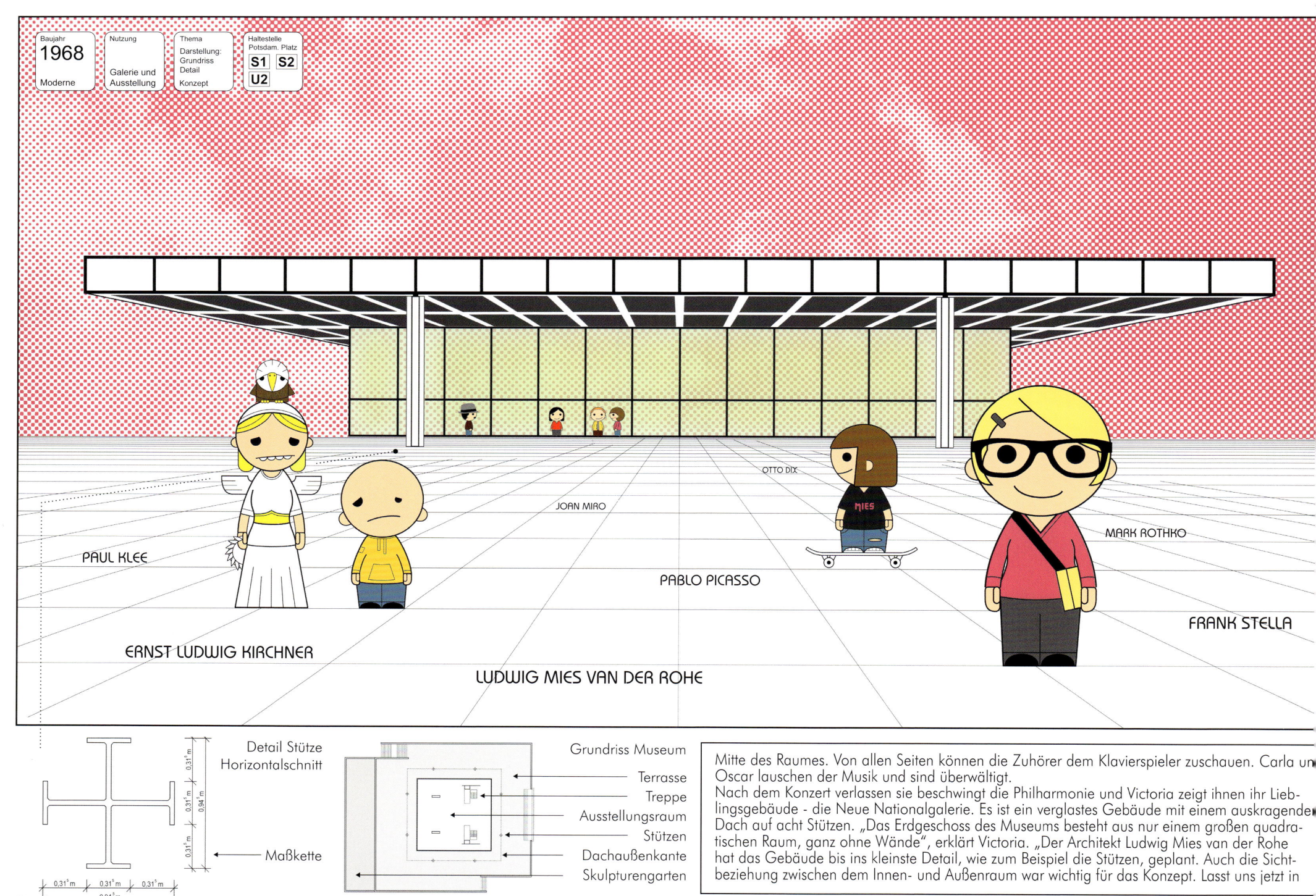

1854

Ernst Litfaß erhielt im Dezember 1854 die erste Genehmigung für die Aufstellung seiner Werbeplakatsäulen.

MÖBEL OLFE

er Kebap · Imbiss am Kotti · Internet Lotto Totto · Turkcell

U Kottbusser Tor

ZENTRUM KREUZBERG

...en Skulpturengarten gehen." Sie laufen in den tiefer liegenden ...arten und Oscar entdeckt eine lustige Figur, die er Carla zeigen ...öchte. Aber ... WO IST CARLA? ...Carla, wo bist du?", ruft Oscar ganz besorgt. Carla antwortet ...cht und sie ist auch nirgendwo zu sehen. Oscar läuft aufgeregt ...rück ins Museum. Victoria folgt ihm, und sie suchen und rufen ...n ganzen Gebäude nach ihr. Carla bleibt verschwunden. „Wo ...nn sie nur sein?", sagt Oscar ganz betrübt. Victoria überlegt

kurz und fragt dann die Kassiererin, ob sie einen kleinen Hund gesehen hat. „Ja, ich glaube ein kleiner Hund ist vorhin durch diese Tür nach draußen gelaufen", antwortet sie. Oscar und Victoria bedanken sich und laufen schnell hinaus. Währenddessen steht Carla allein und verloren auf einer Straße. Ein kleines Mädchen fragt besorgt: „Hast du dich verlaufen?" Carla muss weinen und schluchzt: „Ich habe meine Freunde verloren und kenne mich nicht aus in dieser Stadt." „Meine

Eltern können dir bestimmt helfen. Ich muss nur vorher noch zum Kottbusser Tor gehen", antwortet das Mädchen. Carla ist froh, dass ihr jemand hilft. Sie machen sich auf den Weg. Nach einer Weile sagt das Mädchen: „Dort ist das Kottbusser Tor." Die Straße führt unter dem Neuen Kreuzberger Zentrum auf einen Kreisverkehr zu. Ein eigenartiger Ort findet Carla. Es gibt viele hohe Häuser und in der Mitte des Platzes fahren unter der aufgeständerten U-Bahn Autos, Busse und Fahrräder um einen

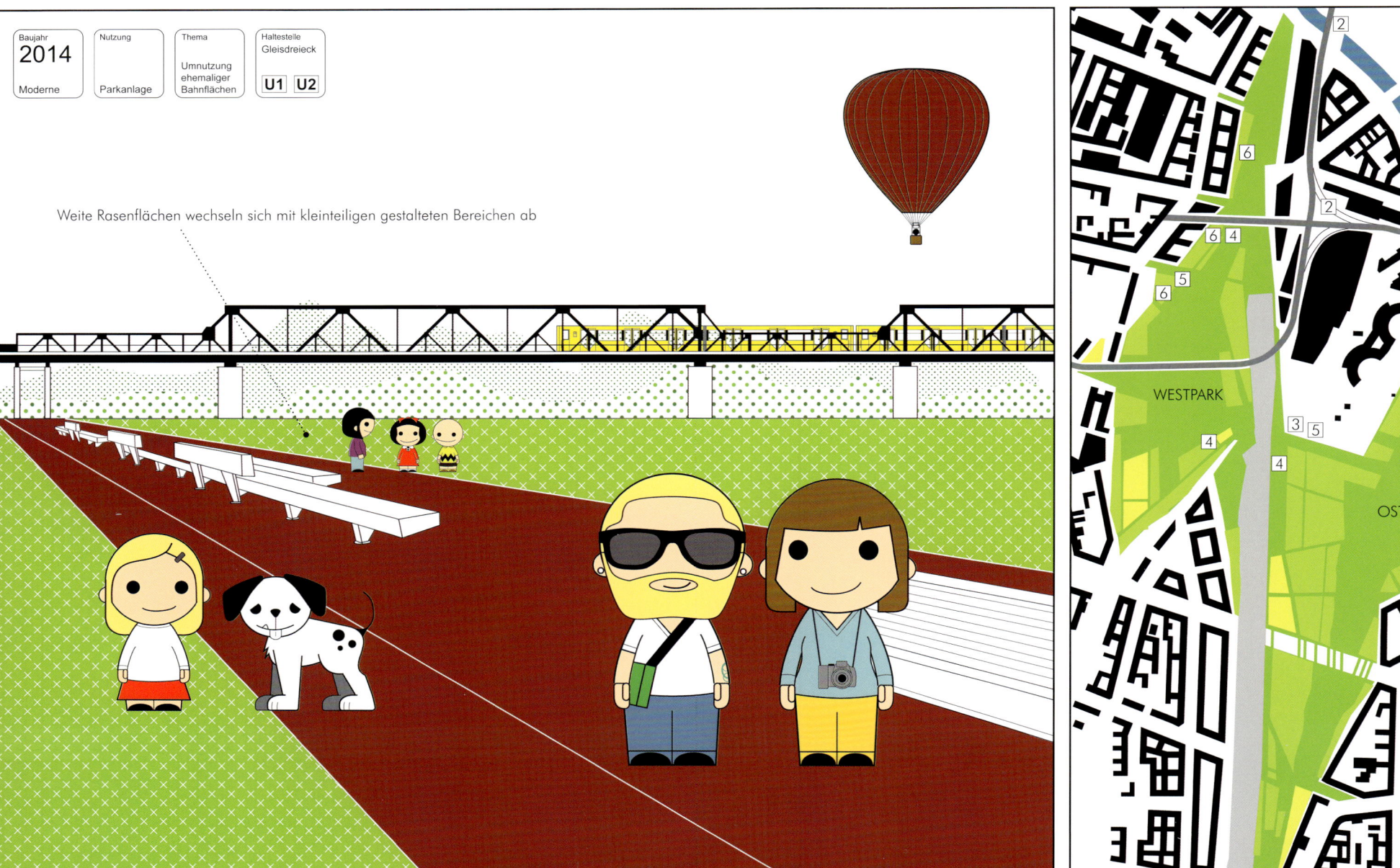

Weite Rasenflächen wechseln sich mit kleinteiligen gestalteten Bereichen ab

WESTPARK

OSTPARK

1 Deutsches Technikmuseu
2 U-Bahn
3 Kiosk mit Eis
4 Sportbereiche
5 Toiletten
6 Spielplatz

Kreisel. Das Mädchen erzählt ihr von der Idee der autogerechten Stadt, die die Berliner Stadtplaner hier ab 1965 umsetzen wollten. Autos sollten ungehindert durch die Stadt fahren können. Das Neue Kreuzberger Zentrum wurde unter anderem als Lärmschutz-bebauung für das Stadtviertel konzipiert, da nördlich des großen

Gebäudes eine Autobahn gebaut werden sollte. Die Bewohner der abzureißenden Häuser wehrten sich aber erfolgreich und die Autobahn konnte nicht realisiert werden. Das Mädchen geht kurz in ein Geschäft, dann machen sie sich auf den Weg zu ihren Eltern im Park am Gleisdreieck. Schon am Eingang des Parks

entdeckt Carla eine Brücke, auf der U-Bahnen fahren. „Das ist ja verrückt", sagt sie zu dem Mädchen. Das erklärt ihr, dass der Park früher ein Bahngelände war und von 2010 bis 2014 in ein Parkanlage umgestaltet wurde: „Es gibt noch Gleise für Fernzüg die den Park in zwei Bereiche teilen. Aber das Besondere ist die

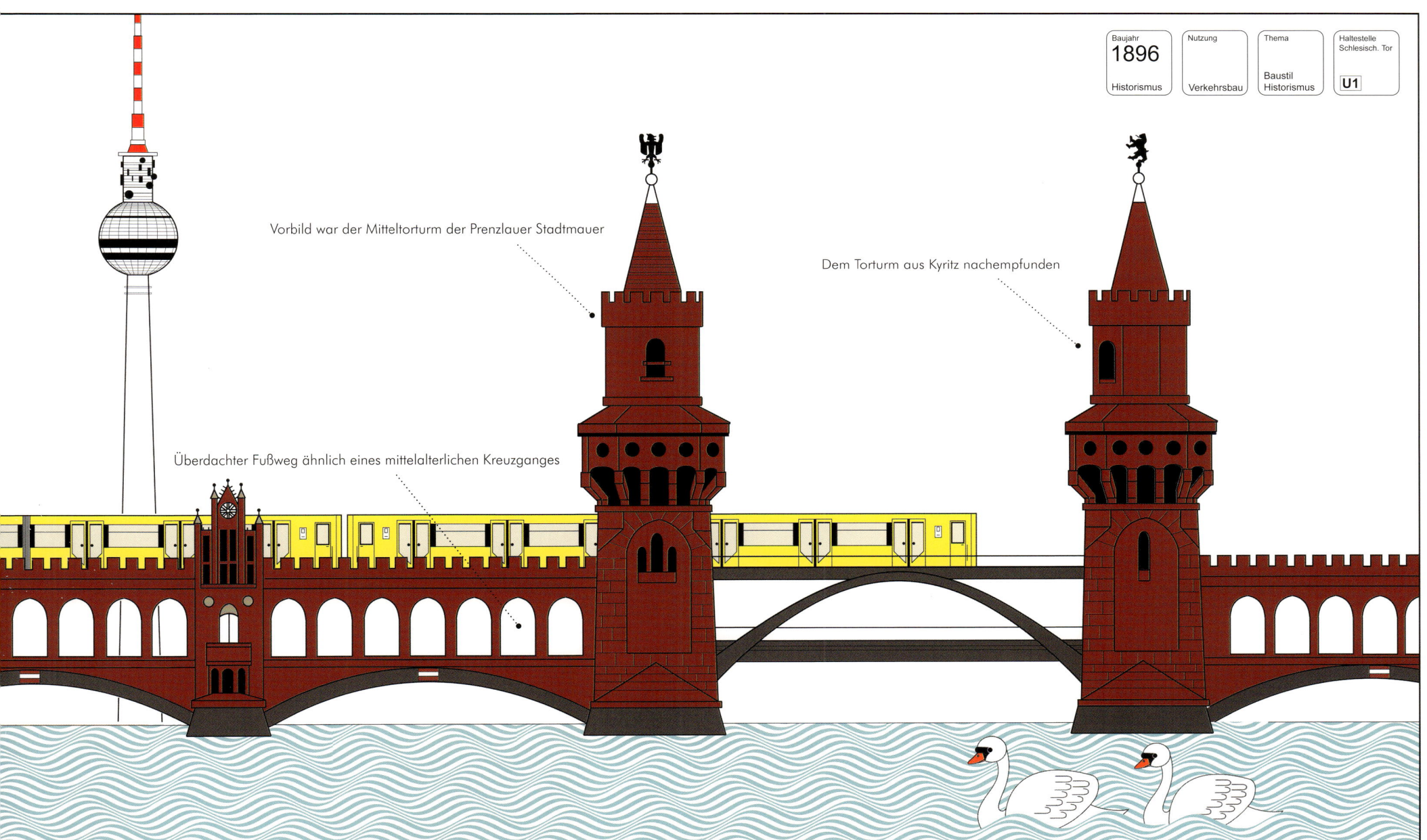

Vorbild war der Mitteltorturm der Prenzlauer Stadtmauer

Dem Torturm aus Kyritz nachempfunden

Überdachter Fußweg ähnlich eines mittelalterlichen Kreuzganges

Gestaltung des Parks. Es gibt große Rasenflächen, gestaltete ...chen wie Spielplätze und Skateparks sowie Bereiche, wo die ...tur sich frei entwickeln kann. Meine Eltern sind im Ostpark auf ... Liegewiese. Komm wir laufen zu ihnen." Tuuut! Da kommt die ...useumsbahn vom Deutschen Technikmuseum, die regelmäßig

durch den Park fährt. Sie laufen weiter und erreichen die Liegewiese. Das Mädchen berichtet ihren Eltern von Carlas Situation. „Hast du mit deinen Freunden keinen Treffpunkt ausgemacht, falls ihr euch mal verliert?", fragt die Mutter besorgt. Carla schüttelt den Kopf, aber dann fallen ihr wieder Pauls Worte ein: „Doch,

Paul wollte sich mit uns nochmal im Zoo treffen. Vielleicht sollte ich dort hingehen und auf ihn warten." Zur gleichen Zeit suchen Victoria und Oscar weiter nach Carla. Wo könnte sie noch hingelaufen sein? Die beiden fahren mit der U-Bahn und der S-Bahn kreuz und quer durch Berlin. Sie kommen

Die olympischen Ringe

1936 für die Olympischen Sommerspiele gebaut

IM STADION IST PLATZ FÜR 74.649 ZUSCHAUER.

auch über eine rote Brücke, die Oberbaumbrücke heißt. Sie gehört zu den schönsten Brücken Berlins. Oscar ist verzweifelt. Er hat Angst, Carla nicht zu finden. Victoria tröstet ihn: „Ich werde meine Freunde fragen, ob sie uns bei der Suche helfen

können." „Das ist eine gute Idee", sagt Oscar. „Vielleicht könnten wir auch Paul um Hilfe bitten." Victoria nickt und sie machen sich mit dem Bus auf den Weg zu Paul. Im Doppelstockbus sind oben noch zwei Plätze frei. „Hier hat man ja eine super Aussicht", sagt

Oscar. Sie kommen an einem großen runden Gebäude mit zwe Türmen vorbei. Viele Menschen stehen auf dem Platz vor dem Gebäude. Victoria erklärt Oscar, dass dies das Olympiastadion ist. Hier kann man Sport- oder andere Großveranstaltungen be

Architekt Le Corbusier verfasste 1925 einen 5-Punkte-Plan zu neuen Vorstellungen in der Architektur:

Freistehende Stützen
Freier Grundriss
Vom Rohbauskelett unabhängige Wände
Vorhangfassade, breite Fenster
Flachdach mit Dachgarten

Unité d'Habitation, auch Wohnmaschine genannt

17 Geschosse mit 530 Wohnungen

Baujahr
1958
Moderne

Nutzung
Wohnen

Thema
Le Corbusier
5-Punkte-Plan

Haltestelle
Olympiastadion
S5

chen. Oscar ist ganz begeistert von der Größe des Gebäudes.
...enig später kommen sie an einem aufgeständerten Gebäude
...rbei. „Dieses Gebäude wurde 1958 von dem Architekten Le
...orbusier zur Internationalen Bauausstellung gebaut", erzählt

ihm Victoria. Die Fahrt geht weiter und endlich erreichen sie
das Brandenburger Tor. Sie steigen aus und laufen zu Paul. Dieser ist ganz überrascht nur Oscar und Victoria zu sehen. „Wo ist
denn deine kleine Freundin Carla?", fragt er Oscar. „Wir haben

sie an der Neuen Nationalgalerie verloren. Kannst du uns vielleicht beim Suchen helfen?", fragt Oscar. Paul willigt ein. „Habt
ihr schon am Zoo nach ihr geschaut?", fragt er die beiden. „Wir
wollten uns doch am Abend dort treffen."

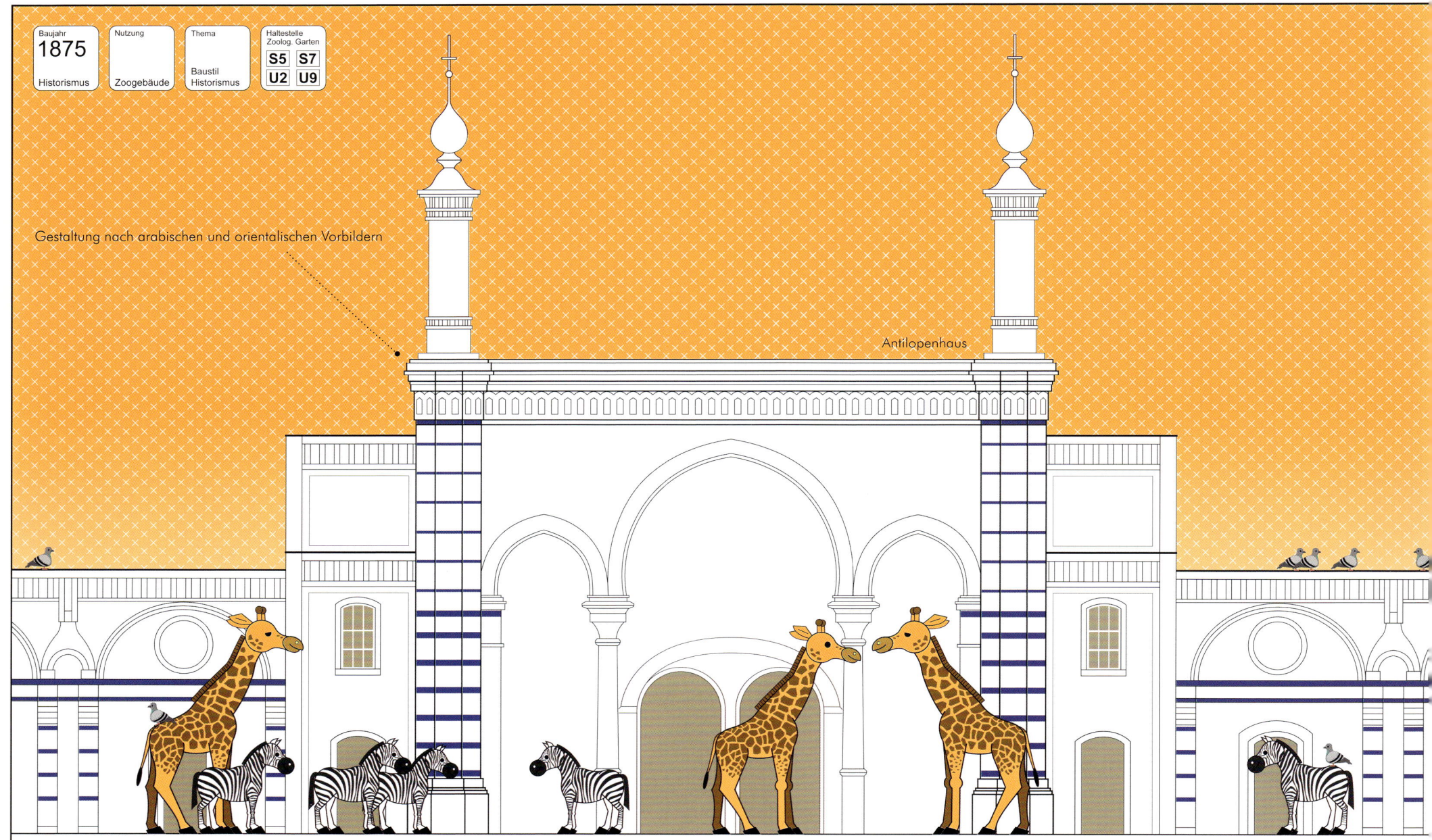

Gestaltung nach arabischen und orientalischen Vorbildern

Antilopenhaus

| Baujahr | Nutzung | Thema | Haltestelle Zoolog. Garten |
|---|---|---|---|
| 1875 | | | S5  S7 |
| Historismus | Zoogebäude | Baustil Historismus | U2  U9 |

Carla und das Mädchen erreichen den Zoo. Schon am Eingang werden sie von zwei Elefanten begrüßt, die ihnen erzählen, dass dies der artenreichste Zoo der Welt ist. Carla möchte aber nur wissen, ob ihre Freunde Oscar, Victoria und

Paul schon hier sind. „Hast du vielleicht einen von meinen Freunden gesehen?", fragt Carla die Elefanten. „Es kommen jeden Tag so viele Besucher in den Zoo, dass ich mir die einzelnen Personen nicht merken kann", antwortet ei-

ner der beiden. „Wartet doch am Antilopenhaus auf eu[re] Freunde", sagt der andere Elefant. Im Hintergrund ertö[nt] lautes Bärengebrüll. Carla zuckt zusammen und sieht ein[en] großen Bären auf sich zukommen. Vielleicht sollten sie do[ch]

Seit 1280 ist der Bär das Berliner Wappentier

Elefantentor

Gestaltung nach japanischen und siamesischen Vorbildern

ber woanders warten, überlegt Carla. Sie schaut verzwei-
erst zu den Elefanten und dann zu dem Mädchen. Ge-
de will sie ihre neue Freundin um Rat fragen, als jemand
t Carla ruft. Sie dreht sich um und vor ihr stehen Oscar,
Victoria und Paul. Carla strahlt über das ganze Gesicht und
fällt Oscar in die Arme. Sie will ihn gar nicht mehr loslas-
sen, so glücklich ist sie. Carla beginnt aufgeregt von ihren
Erlebnissen zu berichten und stellt den anderen ihre neue
Freundin vor. „Wie heißt du eigentlich?", fragt Carla das Mä-
chen. „Ich bin Anna", sagt sie. „Vielen Dank Anna, dass du
dich so um Carla gekümmert hast", sagt Oscar. Victoria hat
eine Idee: „Wollen wir zum Teufelsberg, dem höchsten Berg

von Berlin fahren und dort unser Wiedersehen feiern?", fragt sie die anderen. „Von dort aus kann man über Berlin und den größten Stadtwald, den Grunewald, sehen." Alle sind begeistert und auch der Bär möchte sich der Gruppe anschließen. Anna kann leider nicht mitkommen und verabschiedet sich. Carla umarmt sie und bedankt sich nochmal für ihre Hilfe. Nun machen sich alle anderen auf den Weg zum Teufelsberg. Der Name k schon etwas unheimlich, findet Oscar. Victoria erzählt ih dass es sich bei dem Berg um einen Trümmerberg han

aus zerstörten Häusern und anderem Schutt entstanden ist. Oscar ganz aufgeregt. „Diese Gebäude haben wir heute schon Was würde sie jetzt wohl sagen?
nt nur, da hinten ist der Fernsehturm!", ruft Carla. „Ja, und von nahem gesehen." Sie setzen sich auf den Rasen und warten
sind die Siegessäule und das Reichstagsgebäude", ruft auf den Sonnenuntergang. Oscar muss an seine Oma denken.

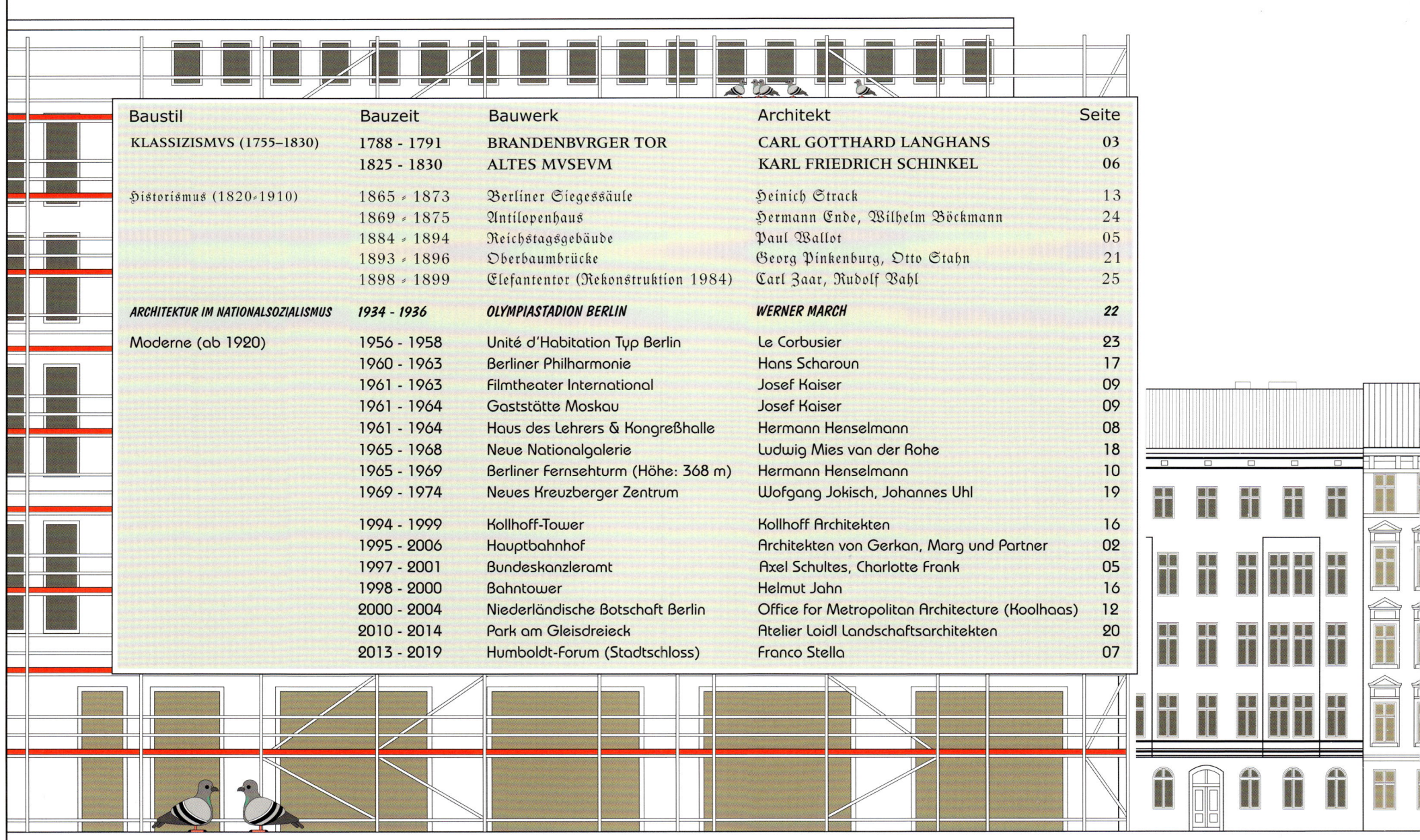

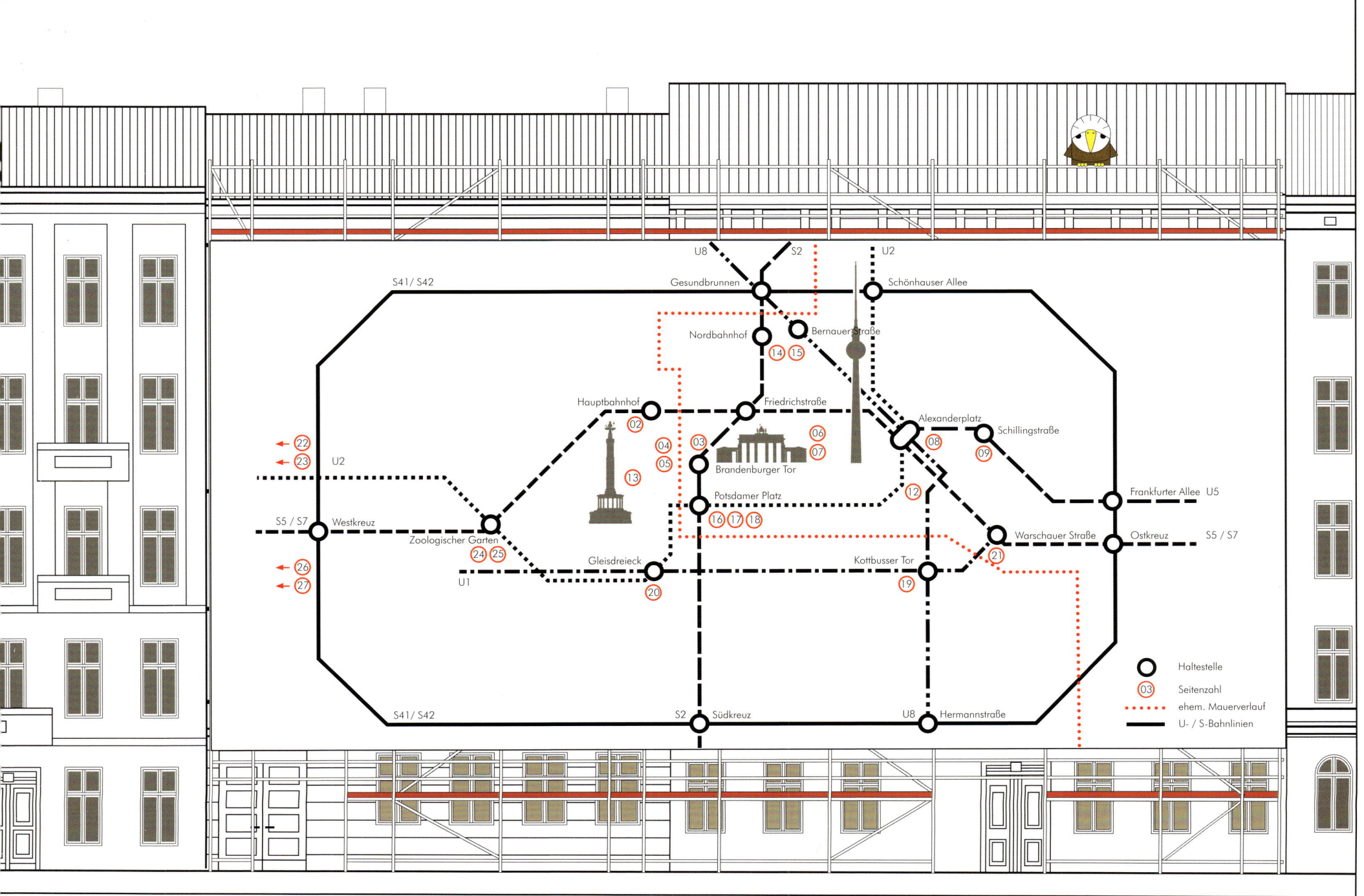

S41/ S42

U8    S2    U2

Gesundbrunnen    Schönhauser Allee

Nordbahnhof    Bernauer Straße

⑭ ⑮

Hauptbahnhof    Friedrichstraße

Alexanderplatz    Schillingstraße

② 

← ㉒

← ㉓    U2    ④    ③    ⑥    ⑧    ⑨

⑤    Brandenburger Tor    ⑦

⑬    Frankfurter Allee  U5

Potsdamer Platz    ⑫

S5 / S7    Westkreuz    ⑯⑰⑱    Warschauer Straße    Ostkreuz    S5 / S7

Zoologischer Garten    Kottbusser Tor    ㉑

← ㉖    ㉔ ㉕    Gleisdreieck    ⑲

← ㉗    U1    ⑳

○ Haltestelle

㊂ Seitenzahl

S41/ S42    ........ ehem. Mauerverlauf

S2    Südkreuz    U8    Hermannstraße    ─── U- / S-Bahnlinien

29

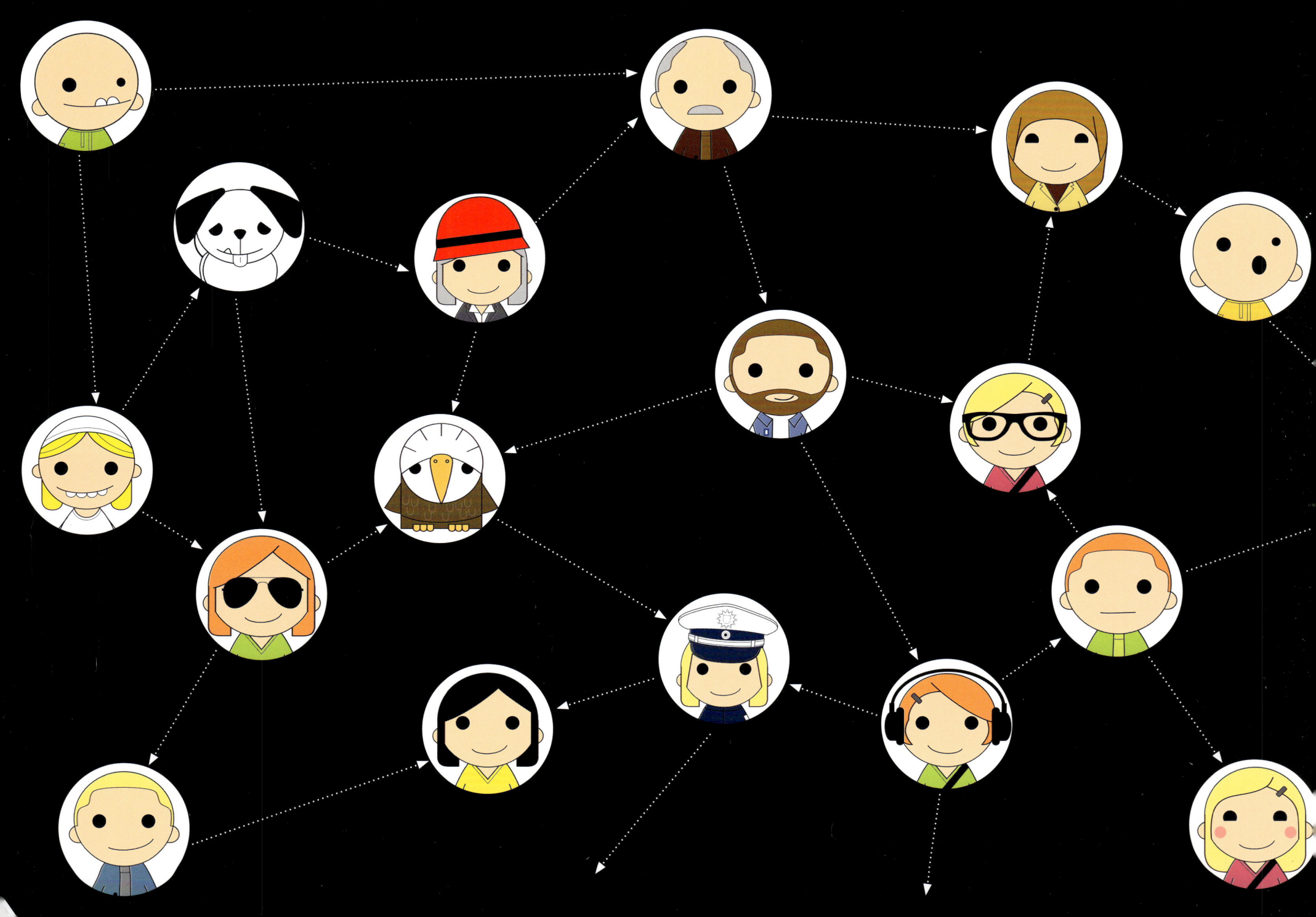